初対面の相手も、おもわず本音をもらす

アナウンサーの
質問レシピ

Announcer's question recipe

牛窪 万里子
Ushikubo Mariko

SOGO HOREI PUBLISHING CO., LTD

はじめに

たった一つの「質問」で、あなたの会話は99%変わる。
上司や取引先との会話が円滑になり、ビジネスがうまく回り出す。
あらゆる人や場面に使えて、毎日の会話が楽しくてしかたなくなる。

こうお伝えしても、にわかには信じていただけないかもしれません。
でも、これは現実です。私自身はもちろん、すでに「質問する力」を身につけた多くの人が、ビジネスでプライベートで、円滑なコミュニケーションを生み出しています。

ここで私のことをお話しますね。私はこれまで、アナウンサーとして、著名人を含む３０００人以上にインタビューをしてきました。現在は、コミュニケーション術を教える講師としても活動しています。

しかし、そう言うと、あなたはこう思うかもしれません。

「アナウンサーになるような人は、もともと話がうまく、コミュニケーションにも自信があったのでしょう。しょせん自分とは違う人なのだ」と。

でも実を言えば、私がアナウンサーになったのは、自分の話し方に自信が持てず、コミュニケーションにコンプレックスがあったからなのです。こんなことを言うと、びっくりされるかもしれませんね。

ごく普通の大学生活をおくった私は、自分がどんな会話のしかたをしているかなど考えることもなく、一般企業のＯＬになりました。ところが、いざ社会に出てみると、会話力を問われることばかりが起こったのです。本文で詳しくお伝えしますが、「たった一つの質問」が足りなかったばかりに、上司の指示の意図を正確につかめず仕事がうまく進まなかったり、取引先の本音を引き出せなかったために、プレゼンテーションがうまくいかず落ち込んだこともあります。

日々の仕事をもっと充実させるために、コミュニケーションの力を高めたい。そう思い、会社勤務のかたわらNHKのアナウンススクールに通いはじめました。ここではじめて、自分の話し方のクセや欠点を客観的に捉えることになりました。

人から見た私はこんな話し方をしていたんだ……。最初はショックを受けましたが、具体的な弱点が分かれば、それらを一つずつ改善していけばよいのです。質問のしかたを、一つ改善するたびに、取引先や上司とのコミュニケーションがスムーズになり、仕事もうまくいくようになりました。

社会におけるコミュニケーションの大切さに気付いた私は、もっと深く学び、能力を高めたいと、アナウンサーへの転身を決意したのです。

アナウンサーの仕事をはじめてからも、試行錯誤は続きました。

私は、単に用意された原稿を読むだけでなく、企画・構成から編集まで、番組づくりのすべてに関わってきましたが、とりわけインタビューの仕事には、毎回色々な工夫をして臨みました。

人は十人十色というように、様々なタイプがいます。なかには質問に対する答えが長く中断が難しい人や、口数が少なかったり、気難しくみえて話しかけにくい人、話の途中で本筋からはずれてしまう人、本題を避けて遠回しに話す人といったように、会話をするのが難しい相手もいます。

どんな人とでも円滑に会話を進めて、相手の本音を引き出したい。そう考えた私は、一つ一つのインタビューの内容をすべてノートに書き出し、自分の会話を徹底的に見直すことに取り組みました。こうして3000人以上へのインタビューを重ねるなかで気付いたのが、「質問」の大切さです。

私は、仕事をするすべての人にとって、コミュニケーションを円満にするための「質問力」は、欠かせない大切なものだと確信しています。


この本には、これまでの経験から培った「質問」を使った会話術を、レシピとして、シンプルにまとめました。

最初から順番に読んでいただくほか、気になった箇所をどこからでも読めるように、項目ごとに分かりやすくまとめてあります。

かつての私と同じようにコミュニケーションに悩むあなたにとって、必ずお役に立つはずです。


あるイベントの対談で、2006年トリノ五輪の金メダリスト荒川静香さんにお会いしました。現在はプロフィギュアスケーターとして活躍されています。大舞台でみせる、あの華麗な滑りからは想像もできませんが、彼女は意外にも緊張するタイプで、プレッシャーに弱いと言うのです。荒川さんから、こんな言葉を聞かせてもらいました。

「本番前の緊張感をどうほぐしたら良いかを自分なりに考えました。自分を知ることに関しては誰よりも努力していたかもしれません」

そう。もっとも大切なのは、自分をしっかり見つめ、自分を知ること。あなたも自分の会話の弱みを知り、今日からさっそく「質問レシピ」に挑戦してみてください。

たった一つの質問。それだけで、あなたの会話はがらりと変わり、いつの間にか、人と話すことが楽しくてしかたなくなるはずです。

2012年8月　牛窪　万里子

もくじ　アナウンサーの質問レシピ

第1章

あなたの会話が変わる
シンプルな習慣

1　第一印象をコントロールする簡単な方法

「私の声って、話し方って、こんなななの？」

私がはじめて自分の話し方の欠点を知ったのは、ＮＨＫのアナウンススクールに通いはじめたころでした。

録音された自分の声を聞いてみると、早口で滑舌が悪く、とくにサ行をしっかり発音できていない。こんな話し方では説得力にも欠けるし、ビジネスでは通用しない。はじめはコンプレックスを感じて、落ち込んでばかりでした。自分のことなのに、自分では欠点を見過ごしていたのです。客観的に録音を聞き、先生に指摘されてはじめて、自分の弱みを認識できました。

けれども、それが分かればしめたもの。弱みが明確になったら、それを意識して一つずつ克服していけばいいのです。

とはいえ、ふだんの生活では、自分の話し方を録音して聞く機会はめったにありません。もしかしたらあなたにも、自分では気付かない弱点があるかもしれないのです。

それがあなたの第一印象を悪くして、ビジネスにおいてもマイナスの結果を招いているとしたら、もったいないですよね。

生放送中は、常にスタジオのモニターを通しての自己チェックを行っています。さらに、放送後は録画を見て、自分のリポートについて、表情や伝え方などを全てチェックし、反省するのが習慣です。話し方のウィークポイントは、録音や録画によって素早く知ることができます。

録音であれば、今は携帯にもボイスレコーダーがついていますので、手軽に、しかも簡単に自分の声を録音して、「え〜」「あの〜」などの話しグセをチェックできると思います。職場でのプレゼンテーションや、スピーチをする際に、ぜひ、ボイスレコーダーを活用してみて下さい。

または、留守電もお勧めしています。相手が電話に出ない場合、留守電にメッセージを入れて、それを再生して確認してみることを習慣にすると良いでしょう。

そして、さらに明確に自分を知る方法は録画です。

私が教えるアナウンス講座では、最終回に、録画によるフリートークのレッスンを行っています。自分の姿や話し方全体をチェックすることで、「これまでと意識が全く変わった」という生徒の声を多く聞きます。研修等で、ビデオ撮影を活用している企業も多いようですが、録画によって今まで見えていなかった自分のウィークポイントを視覚的・聴覚的に知ることができるため、周りの人から自分がどう見られているかを直接感じ取ることができます。

では、録画でどんな点をチェックしたら良いのか、ふたつのポイントをご紹介します。

まずは**身振り手振りのクセ**。体や手の動きが目立つ場合は、聞き手が話に集中できない状況を作ってしまいます。左右どちらかの肩が下がっていたり、首が傾いていたりとクセは気を付けたいところです。視覚的なマイナス要素は聞き手が一番気になります。

人は動くものに神経が集中しやすいので、ジェスチャーは強調したいときのみに使い、控えめにしたり、手の置き場を決めておくなど、身振り手振りには注意しましょう。

次のチェックポイントは**表情や話し方**。録画を通して分かることは、

「自分が思っていた程、笑顔になっていない」

「強調して話しているつもりが、棒読みに聞こえる」

などの点が挙げられます。相手にインパクトを与えるためには、かなり意識的に、自分が思う以上に強調しないと伝わらないものです。

私もリポートで少し大袈裟に伝えた時の方が、「分かりやすかった」と言われたことがありました。

いつもより少し大きく強調して伝えるようにしてみましょう。

録画のメリットは、ウィークポイントを知る以外にも、一度、映像を通して自分の姿を見ると、その**映像が頭に残り、イメージを持つことができるようになるという点です**。

たとえば、大きな会場で、多くの人を目の前に、自分が話している姿を想像することができますか？　まるで自分が、もう一人の自分を観客として見ているような感覚です。録画を通して自分を見た経験がある人は想像できると思います。

この客観視したイメージができると、いざ人前で話す状況になったときにも、事前にイメージを持って準備ができると思います。

ぜひ、自分を客観視する機会を作ってみて下さい。

レシピ

1

「もう一人の自分」の目で客観視してみる

2 「モーニング・クエスチョン」でポジティブな会話をつくる

「今日は必ずビジネスにつなげる話をしなくてはいけない!」と、取引先の人と会う前に、気負い過ぎてしまうと、緊張して肩に力が入り、良くない方向に行ってしまうことがあると思います。そしてうまくいかなかったときは、「どうして失敗ばかりするのだろう」「いつも私は不運だ」と自分を責めてばかりで、解決策も見つからないまま、その失敗を繰り返してしまうという負のスパイラル状態になってしまいます。

実は人生において、一番時間を費やしている質問が、自分に対する質問、つまり「自問自答」の時間だとされています。

また「自問自答」は自己暗示にもつながります。

私の場合、悪い状況に対しては、「これは今の自分にとって、どんな意味があるのだろう」と考えるようにし、二度と繰り返さないために、教訓にしていこうと切り替えています。

普段からネガティブな思考をしがちな人は、相手が話す内容への反応もネガティブさが出てしまうと思います。それを克服するには、まず自分がポジティブになることです。

そう言われてもなかなか切り替えられないという人もいると思います。それは、普段の**「自らに向ける質問」の言葉を変えるだけでいいのです。**

×「どうして失敗ばかりするのだろう」

○「どうしたら成功するのだろう」

×「いつも私は不運だ」

○「この状況から脱するためには、どうしたらいいのだろう」

このように自分への質問をポジティブな言葉に変えてみると、自身が抱えている問題も解決します。

もちろん、私も最初からこのようにポジティブになれたわけではなく、アナウンサーの仕事の経験から得られた考え方だと思います。番組は毎日、新しい挑戦の連続です。前の放送での反省点を生かしつつ、次の放送に向けて新たな気持ちの切り替えが必要です。特に生放送では、失敗を引きずっていると集中力に欠け、次のミスにつながります。この経験から、常に状況をポジティブに切り替えられるよう変わってきたと思います。

ポジティブに切り替えていくことは、毎日積み重ねによって身につくものと言えます。

ここで、昨年私が参加したＮＬＰ（神経言語プログラミング）の講義の中で学んだ、あるおもしろいポジティブトレーニングをご紹介しましょう。

人の脳は、自分に対して投げかけた質問に答えが出るまで、一日中、無意識に検索し続けるそうです。それは脳のシステムによるもので、脳は空白を嫌う、つまり、分からないままでいることを嫌う、という特性があるようです。

たとえば、「あのタレントの名前が思い出せない。何という名前だっけ？」と考えていると、後日、書店に言ってその名前を発見したときに

「あっ、この人だった！」

と思い出すことがありませんか？　これが脳の検索システムだというわけです。無意識のうちに、検索が続いているのです。

その脳の働きを利用してポジティブな考え方に切り替える自問自答法が、「モーニング・クエスチョン」です。これは、世界NO・1のアメリカのカリスマコーチ、アンソニー・ロビンズが生み出した手法で、朝一番に、ポジティブな質問を自分に投げかけると、良い方向に答えが導き出されるというものです。この方法を私も実践しています。

「AとBを達成するために、今日できることは何だろう？」

「○○さんに、喜んでもらえる企画ってどんな内容だろう？」

この例文からすると、含まれる単語は全てポジティブワード。**「達成」「できる」「喜んでもらえる」**というように、ポジティブワードを使って問いにすることで、プラスになる答えが返ってきます。他にも

「自分が感謝していることは何だろう？」

「自分が楽しいと思えることは何だろう？」

という身近な質問からはじめてみるのも良いでしょう。

この**「モーニング・クエスチョン」**を、ぜひ明日から実践してみて下さい。気持ちがポジティブに切り替わると、その日の過ごし方が変わってきますよ。

レシピ

2

朝はポジティブな自問自答からはじめる

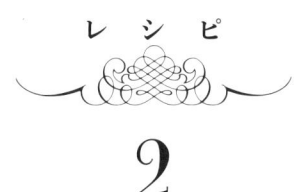

3　人と会う前の緊張を解く特効薬

初対面の人と会う前の緊張を「ワクワク感」に変えることができたらどんなに会話が弾むだろうと思いませんか？

私はいつも、初対面の人と会う前は、「今日はどんな人と出会えるのだろう」と、ワクワクした期待の気持ちでいっぱいになります。

もちろん取材のときは、事前にその方のプロフィールや作品・著書などを調べ、知識をもって臨みますが、さらに実際に会うと、また違った側面を見つけることができるものです。

出会いによって、何か新しい刺激や情報、知恵など、未知の世界が広がると考えると、ワクワク感が生まれます。このワクワク感は、相手への好奇心にもつながり、「話を聞こう」という姿勢に表れます。質問者がワクワクした気持ちで聞くことにより、相手も「この人は自分の事に関心をもって聞いてくれている」という安心感をもってくれますから、会話も弾むようになります。

でも「自分が『会ってみたい』と思うような具体的な要素がないと、未知の部分だけでは、なかなかテンションが上がらない」という人は、例えば相手のビジネスの**どこに興味が持てるのか、共感できるのか、自分の好奇心につながるポイントを探してみましょう。**

また自分が相手に伝えたい内容については、**「どんな反応をもらえるだろう」という期待感を持つことです。**相手から良い反応が返ってこなかった場合でも、相手の意図に沿わなかった部分が自分の気付きにもなりますから、そこを踏まえて軌道修正し、次の面会に臨むというプラス方向の流れに持っていくことです。１００％プラスの方向になるとは限りませんが、少なくとも意識の持ち方次第で、話の展開も変わってくると思います。

そのような心構えで、相手と向き合えば、さらにお互いの共通意識も生まれ、良い結果が得やすくなります。このように事前のワクワク感を大切にして臨みましょう。

そして、出掛ける前には表情のチェックを！

表情は第一印象を決める大きな要素にもなります。自分の気持ちやテンションが一番表れやすい部分だからです。

テレビ番組でのインタビューでは、取材相手の方がメインであり、インタビュアーは聞き役に徹するため、画面にはほとんど表情が映ることはありません。

でも、取材相手の方の視線はインタビュアーに向けられているため、その表情が暗かったり、リアクションがなかったりしていると、相手の表情も不安気に映ってしまいます。聞き手の表情は話し手の表情にも影響するということです。

さらに明るい表情は、自分自身のモチベーションにも良い影響をもたらします。

人に会う前に、鏡を見て自分の表情をチェックし、笑顔を作ってみる。

女性なら、「メイクの仕上げに笑顔」を実践してみて下さい。笑顔を作ると自然とテンションも上がります。さらに相手から笑顔をもらえると緊張感が一気にほぐれます。

私がこれまでで一番緊張したインタビューは、NHKの番組で韓国の人気俳優、イ・ビョンホンさんにインタビューした時のことでした。

彼は、日韓国交回復40周年の年に、親善大使として活動していました。私は、韓流ブームをはじめ、日本と韓国の文化交流についてのインタビューを企画させて頂きました。

実は、私は彼の大ファンでしたので、収録の一週間前から緊張とドキドキ感でいっぱいでした。仕事で、憧れの人に会うというのは、はじめてのことでしたので、あまりの緊張感で、インタビューがしっかりできるだろうかと不安でもありました。

ご本人に会った瞬間にテンションは高くなるばかり。そして、最初のひと言をずっと考えていましたが、これは韓国語で挨拶するのが一番だと思いました。

「アンニョンハセヨ　チョヌン　ウシクボマリコ　イムニダ」

そして韓国式の握手。右の腕に左手を添えて握手というスタイルです。その瞬間にイ・ビョンホン氏のキラースマイルがこぼれ、まず第一段階はクリア。

相手の笑顔を見ると、自分もホッとした気持ちになり、リラックスできるものです。最初の挨拶に何か工夫があると良いと思います。

さらに自分の緊張を解くために雑談を持ち掛けました。

「私はビョンホンさんのファンで、作品は全て拝見しました！　いつも来日されるときは、成田空港にファンが押し寄せて、大変なことになっていますね。日本のファンが益々増えているようですね」

と、話をした途端、それを遮るようにディレクターから、

「まだカメラが回っていないから、話さないで！」

と言われてしまい、話が中断となってしまったのです。


そんな冷や汗が出るようなインタビューのはじまりでしたが、気を取り直し、何とか無事にインタビューを終えることができました。

プロとしてこの仕事を続けてきた中で、これほど自分が舞い上がってしまったというのははじめてでしたが、自分の緊張したときの状態を知る、良い経験になりました。

どんな相手であっても、こちらの熱意や相手への関心を伝えることができれば、相手も質問に答えようと向き合ってくれると思います。

そして笑顔を最初に引き出せれば、場の空気が一瞬にして和み、自分自身の緊張感もほぐれます。

ワクワク感と笑顔は緊張を解く特効薬です。

レシピ

3

ワクワク感と笑顔で相手への好奇心を高める

4 「会話ノート」が「チグハグ会話」を改善する

自分の話し方は録音や録画でチェック出来たとしても、実際に会話の中での質問のしかたや話の進め方は検証しづらいもの。「欠点はどこにあるのか」、また、「上手くいかないケースはどういうときなのか」についても知っておきたいものです。

そこでお勧めしたいのが「会話ノート」の作成です。私はこの方法を、アナウンサーとして3000人以上にインタビューした経験から学びました。

具体的には、インタビューの撮影が終わったら、収録したテープを見ながら相手とのやり取りを全てノートに書き起こしていったのです。

どんな質問をしたら、相手はどう答えたのか。文字に書き出してみると、相手との話に食い違いがあったり、質問が不足していたり、反省するべき点が明確になりました。

ビジネスの席で会話を録音することはできませんが、取引先とのやり取りを、記憶が新しいうちに、なるべく早くノートに書いてみることをお勧めします。

これは頭で思い出すだけではダメで、文字にしないと様々な問題点が見えてこないのです。


会話においては、**「言葉のかけ方」が、相手との信頼関係を築くうえで大きなポイントになります。**十人十色というように人には様々なタイプがあり、同じ質問をしても、どう受け止められるかは相手次第です。

相手に合わせて臨機応変に言葉をかけるためには、自分のクセやパターンを知っておく必要があります。

どんな相手にどういう言葉をかけたらうまくいったのか、いかなかったのか。それが分かるのが「会話ノート」です。

最初はとても面倒ですが、何回か試しているうちに、必ず自分の会話の欠点がみえてきます。ぜひトライしてみてください。

レシピ

4

「会話ノート」で自分の弱点を探ろう

第2章

どんな人とでもスムーズに会話がはじまるコツ

Announcer's Question Recipe

5　面会前の気分のリセットは会話のマナー

前日に家族や恋人と喧嘩をしたり、朝の満員電車で不快な思いをするなど、それまでのイライラや憂鬱な気持ちを引きずってしまうことはないでしょうか？

人と会う前には、必ずそのマイナスの感情を解消しておかなくてはいけません。

表情が暗くなったり、目つきが悪くなったり、声に元気がなかったりと、どこかにモヤモヤした気分が表れてしまうからです。

友人から、

「何かあったの？」
と聞かれて、いつもと違う表情をしている自分に気付かされた、という経験はありませんか？　まず、**人と会う前には気分をリセットしておくこと、心を整えておくことが必要です。**

私は大切な方に会う前には、時間を作りカフェに入ります。そこで、美味しいケーキと紅茶を楽しんで、リラックスした気分になってから相手を訪ねるようにしています。

ちょっとした事で気分はプラスに変わるものです。

カフェは気持ちをリセットする場としてお勧めです。自分のお気に入りのカフェがあると、その場に行くだけで落ち着くと思います。

幸いなことに私の事務所がある青山はカフェに恵まれている場所なので、お気に入りのカフェも色々とあります。その日の気分に合わせてカフュ選びをしています。

「今日は少し気分が散漫になっているから、集中力を補いたい」と思ったら、チョコレートの専門店に行ったり、リラックスしたいときは、ハーブティーのお店に行ったりと、カフェを選ぶ時間も楽しくなります。

その他のリセット法としては、女性なら口紅の色を変えてみるとか、アクセサリーや衣装に明るい色物を着るなど、色で気分を明るくする方法もあると思います。男性なら、ネクタイをオシャレにしてみるといいでしょう。

色は自分の気分を明るくするだけではなく、相手にも視覚的に印象づけることができるのです。

ただ、注意したいのは「香り」です。

香りは気分を変える特効薬ではありますが、人によって好みがありますので、相手によっては抑えた方が良い場合もあります。

この様に、**自分の気分をリセットして相手と向き合うことはマナーの一つです。**

質問するときは、頭をフル回転させながら相手と向き合うため、かなりのパワーが必要です。

自分なりのリセット&パワーチャージ法を見つけておきましょう。

レシピ

5

自分の気分をリセットして
相手に好印象を！

6 すんなりと情報を引き出すためにしておきたいこと

あなたは、取引先との商談や接客の前に、どんな準備をしていますか?

あらかじめ、主な質問事項を書き込んだヒアリングシートを用意する人、頭の中で質問すべきことを覚えていく人もいると思います。

どんなに聞き上手な人でも、何の準備もせずに初対面の人から有益な情報を引き出すことは難しいと思います。会話は、自分の思うように進まないときもあるからです。**展開したい「会話の軸」をしっかりと持ち、途中でぶれないように進めていくことが肝心なのです。**

事前の準備として大切なことは、「今日は、どんな話の展開にしていくべきか」と質問のイメージを持つことです。

私がこれまで関わってきた番組のインタビューは、ほとんどが初対面の相手でした。与えられた一度きりのチャンスの中で、秒単位の時間を意識しながら、相手の真意を引き出さなければならないのです。

新人の頃は、せっかく事前に用意した質問リストも、どのように質問していけば会話がうまく展開していくのかが分かりませんでした。一問一答という感じで、質問リストに書いてある内容以外は全く聞き出せないという状況でした。

なぜそのような状況になっていたのでしょうか？

今思い返してみると、当時は〝自分が聞きたいことだけ〟〝用意した質問だけ〟を聞くスタイルで、相手の返答から質問のヒントを得ることができなかったのだと思います。

「質問する」ことで精いっぱい。相手の話をじっくり聴く、つまり傾聴する余裕はありませんでした。

話をしっかりと聴けていれば、相手が望む質問を見つけ出すこともできたでしょう。そうすれば、相手が話しやすい会話の流れができたはずなのです。

ビジネスの場合でも同じです。

相手の経歴や実績から、どんな得意分野を持っているのか、どんな人脈を持っているのかなど、ある程度相手をイメージしておくことが必要です。

そして、そのイメージに基づいて、質問の組み立て作業に入ります。

組み立てのポイントは、まず**「最終的には相手から何を聞き出したいのか」**という質問のゴールを考えることです。

テーマが決定したら、質問したい事項を全て書き出してみます。そして、質問の優先順位を決めていきます。

ただし、その優先順位は、**自分が聞きたい質問の順ではなく、相手が答えやすいと思われる順となります。**ここがポイントです。


いきなり、核心をついた質問をぶつけてみても、相手は答えにくいですし、まず心を開いて話してくれるとは考えづらいです。

最初は、身近なことから聞いていきます。たとえば、相手が今取り組んでいることや、課題としていることなど、旬な話題についてです。

基本は「相手が喜ぶ質問をすること」です。

相手が今一番聞いて欲しいことは何か、ということを考えながら質問していきます。そこから会話の流れのイメージを作るのです。

そして、最終的にはどんな話を聞き出したいかということを考え、そこに辿り着くために、会話をどんな流れで進めると良いのかを考えるようにしましょう。

お互いに「聞きたい」「伝えたい」内容を充分に出し合い、成果のある会話にすることが大切です。

レシピ

6

質問のゴールに向かうための流れをイメージする

7 出会って1分のウォーミングアップ

どんな人でも初対面での会話や、ビジネスでの商談は常に緊張感があるものです。**「緊張の糸をどちらがほぐすか」は、「話の主導権をどちらが握るか」に関わってきます。**

聞き手が先に緊張をほぐす方が、質問しやすい雰囲気になれます。では、どのようにして緊張をほぐせば良いのでしょうか？

まずは、先にも触れたように、**会った瞬間に笑顔で挨拶を交わすこと。**笑顔は緊張を和らげる一番の薬です。

たとえば、外国人は見知らぬ人にも目が合えばすぐに笑顔を見せますが、これは「自分は敵ではないですよ」の意思表示だとされています。その点、日本人は初対面で笑顔になることに抵抗を感じる人が多いようです。

笑顔は相手に不快さを与えることは決してありませんし、第一印象をアップさせる上でも大事な要素になります。ぜひ笑顔を心がけましょう。

そして次にオープニングトークです。

ここでは、**相手のテンションを上げることがポイントです。**自分と相手とのテンションやモチベーションを同じにするのです。

温度差があるうちは、お互いに打ち解けにくい状況になりますから、**「これから話を一緒に盛り上げていきましょう」という気持ちをお互いに持つこと**で、会話も楽しく展開しはじめます。

まず、天候や、場所など、何げない話題からはじめます。相手のオフィスに訪問

した場合は、
「キレイなオフィスですね」
など、通された場所の気付いた点を話したり、その場で感じたことなどを話題にしても良いでしょう。

番組のインタビューの場合、テレビ取材がはじめての方にいきなりカメラを向ければ緊張するのは当たり前です。ですから、緊張感をほぐすためのウォーミングアップに気を付けていました。

芸術家や職人さんを訪ねるときは、その方の作品の話題から入り、私なりに素晴らしいと思った点をまず伝えます。

作り手は、自らの作品を褒められるとうれしいものです。作品には作り手の想いやこだわりが込められていますから、それを褒められることで、もっと話したいという気持ちになってもらえると思います。

相手が話しやすい話題を振ることが、ウォーミングアップになるのです。

このように**質問する側が、話す側をリラックスさせることが大切です。**

話をする場所は、できれば相手のオフィスにすることをお勧めします。そうすると、相手は自分の慣れた場所で話ができるため、リラックスでき、本音も語りやすくなります。

ただ、どんな状況を作っても、緊張しやすい相手の場合は、なかなか打ち解けられません。そう感じたときの打開策としては、最初の雑談の時間を長めに取り、相手の様子を見て「そろそろ大丈夫かな」と感じられたときに、本題の質問に移れば良いと思います。

まずは聞き手が場の緊張感をほぐし、なごやかな雰囲気の中で質問の準備をしましょう。

レシピ

7

聞き手がリードして場の雰囲気を盛り上げる

8 価値観が違う相手との会話の弾ませ方

「人の話は良い参考書」だと思って、集中して聴くことが大切です。

これは、私が多くの人にインタビューした経験から学んだことの一つです。

政治家、芸能人、オリンピック金メダリスト、音楽家、パティシエ、料理研究家、舞踏家、建築家、画家、下町の職人さんから地域に住む人々まで。本当に色々な方にお会いし、お話を伺ってきました。

しかし、私自身も、どんな分野の、どんなタイプの人との会話も得意だというわけではありません。それでも、はじめてお会いするその道のプロから、インタビューによってその方のこだわりや想い、真意までを引き出さなければなりません。「興味がないし、よく知らないから聞き出せない」というわけにはいきません。

そこで、話を聴きながら、自分が共感できる部分を見つけ出し、質問を展開させていくようにしてきました。

まずは「心を白紙にし、じっくり相手の話を聞いて、受け止める」という心構えからはじめてみたのです。たとえ、自分とは違う意見や、考え方でも、相手の立場や気持ちになってみることが重要です。

人は他人の話を、自分の経験と記憶に重ね合わせながら聴いていることが多いものです。

そのため、自分と同じ経験を持つ相手に対しては、共感して理解が深まるため、質問もスムーズになります。同じ経験は同じ価値観を生み出すからです。

反対に、同じ経験をしていない場合は、なかなか相手を理解できないかもしれません。

確かに全てを受け入れることは難しいことですが、「共感できない」「分からない」と相手をシャットアウトしてしまわず、**相手を受け入れようという姿勢で聞くことが重要になります。**

自分の価値観に当てはめて考えることは、色メガネで相手を見ているということです。**「自分と相手は違う」という意識をもって臨むことが大切です。**

では、もし全く興味がない話をされた場合は、どんな心構えで聴けばいいのでしょうか?

そのようなときには、**「自分にはまだ分からない世界だけれど、もしかしたら、おもしろい話があるかもしれない」という好奇心を持って聴くとよいと思います。**

自分が知らない世界だからこそ、聴く価値があるものです。

自分のフィルターを通して物事を全て判断してしまうと、その先にある、もっと魅力的なことに気付かないまま終わってしまいます。

それは本当にもったいないことです。


もし、どうしても自分の意見を相手がどう捉えるか聞いてみたい場合は、

「私の場合は～と考えますが、それはどのように受け取られますか？」

と質問すると、相手を尊重する形で質問できます。

「～だと思いませんか？」と質問すると、自分が思っていることを相手に「そう思わない？」と押しつけてしまうことになるので、注意が必要です。


このように、自分と相手は異なる価値観（考え方、捉え方）を持っていると考え、相手を尊重しながら、受け入れる聴き方が大切になります。

レシピ

8

自分の知らない世界には おもしろい情報がある！

9 会話が難しい相手のタイプ別対処法

人には色々なタイプがあります。

話し方も同じで、人それぞれにクセや傾向が異なります。

初対面の場合は、相手がどんな話し方をするタイプで、どんな話題なら乗ってくるのかなど、相手を観察しながらその特徴に合わせて質問方法を変える必要があります。

タイプに合わせた質問をすると、会話がスムーズになります。

たとえば、次のようなタイプの人は、会話の展開が難しい人です。

1　おしゃべり好きな人で一つの質問に対する答えが長くなる人
2　口数が少なく、「間」がある話し方の人
3　話の途中で、本筋からずれてしまいがちな人
4　遠回しに話す人

主にこの4つのタイプに、私自身もこれまで悩まされてきました。

人にはそれぞれ、性格や経験、知識、価値観など、様々な違いがあり、話し方はその人の特徴が最も出やすいものです。その場で相手に合わせ、臨機応変に対応することが求められます。

では、それぞれのタイプ別に、私が実践してきた対応方法をご紹介します！

1　おしゃべり好きな人で一つの質問に対する答えが長くなる人

このタイプの人は、サービス精神が旺盛な人が多いので、話も盛り上がりやすいと思います。比較的、質問に対しても快く答えてくれるため、こちらから多くの質問をしなくても、色々な情報を得ることができると思います。

ただし、話が長くなりやすいので、話し手にペースを持って行かれてしまう傾向があります。そのため、聞きたいことがうまく聞き出せないまま終わってしまわないよう、注意が必要です。

質問はダイレクトな言葉で投げかけることがポイントです。 曖昧な質問をすると、余計に相手が色々な方向で答えようとして、話が長くなってしまうため、質問の的確さが必要となってきます。

2　口数が少なく、「間」がある話し方の人

このタイプの人は、言葉を探しながら答えているので「間」があります。相手が話しだすまで、待ってあげることが大切です。もし、なかなか言葉が出ない様であれば、助け舟を出すと良いでしょう。当てはまりそうな単語を言ってみたり、**「〜ということですね」といったリアクションをすることで、話が流れ出す**と思います。

ただ、あまり早いタイミングでの助け舟は、相手の気持ちを損ねてしまうこともありますから、少し待ってあげることも必要です。待てば言葉が出てくる人もいます。我慢強く聴いてみましょう。

3　話の途中で、本筋からずれてしまいがちな人

このタイプの人は、基本的におしゃべり好きな人と同じですが、異なる点は、話の内容が移り気である点です。話が違う方向に飛んでしまった場合には、軌道修正が必要となります。その場合は、ポイントになるキーワードを改めて聞き直してみましょう。

「少し話が戻りますが、先ほどお話された○○という点をもう少し詳しく伺いたいのですが……」

という言葉を添えてから質問すると、無理なく話を戻すことができると思います。

4　遠回しに話す人

このタイプの人は直球を避け、比較的、慎重に言葉を選んで話す傾向があります。または、ダイレクトに話すことで何か誤解が生じることを懸念したり、その時点で明確に答えることを避けたいという思いがあるのかもしれません。なかなか本音を言わないタイプだと言えます。

こういったタイプの人には、**「ズバリ言うと、いかがしょうか？」などと、ダイレクトに聞いて相手の反応を待ってみましょう。**

「今は答えられないので、時期をみてお話しします」

と返ってくる場合もあれば、

「ハッキリ申し上げますと……」

と、こちらの要求に答えてくれる場合もあるでしょう。

いずれにしても、曖昧なままにするよりも返答を促すことで、話もスムーズになりますし、こちらが聞きたい点も解決して、スッキリすると思います。

どのタイプの人に対しても、自分の聞きたいことを引き出せるように、最後まで会話の主導権を握っておくことが大切です。

レシピ

9

相手の話し方の特徴で質問のパターンを変えてみる

第3章

3000人のインタビューから学んだ質問を生み出すヒント

Announcer's Question Recipe

10 「質問が出てこない！」は「疑問力」不足

次に何を聞いたら良いか分からない！

「質問が苦手」だと感じる人の多くは、**「相手が答えた内容に対して、さらにどう問い返したらいいのか分からない」「それ以上の質問の言葉が見つからない」**と感じているようです。

話が途切れることによって、相手からは「自分に好奇心や興味がない」と捉えられてしまいます。

このように、質問が続かないという人に不足している要素は**「疑問力」**です。

たとえば、

「靴を集めるのが趣味で、１００足ぐらいは持っている」

という話題に対して、あなたはどんな質問が浮かびますか？

「なぜ、そんなにたくさん持っているの？」

「どんなデザインの靴が多いの？」

「好きなブランドは？」

「どこで買っているの？」

「靴選びのポイントは？」

「そんなにたくさんあると履かない靴もあるのでは？」

「１００足の収納方法は？」

など、「１００足の靴」というキーワードから、様々な疑問が出てくると思います。

疑問力とは、「なぜそうなるのか？」と考える力です。

疑問が湧かなければ、質問にはつながりません。幼い頃はよく「何で？」「どうして？」と、どんなことにでも興味を持って聞いていたと思いますが、大人になると、あまり疑問を持たずに過ごしてしまうことが多くなるような気がします。

「自分が無知に思われるのでは」とか、「あまり聞いてはいけないのでは」という思いから、率直な質問をすることに躊躇してしまう、あるいは臆病になってしまうのかもしれません。

しかし、そうすると、質問のチャンスを逃し、相手からの大事な情報を得られないまま終わってしまいます。

疑問力をつけるには普段からの意識も必要となってきます。自分とは違う意見や物事の捉え方などに対して、

「そう思うのは、どういう考え方から来るのだろう？」と、常に人への関心や好奇心をもつこと。それが疑問力を育てる基盤となると思います。

私はいつも話を聞きながら、相手がどんな気持ちで話しているのか、言葉の奥にはどんな思いがあるのかを感じ取りながら聞く努力をしています。それは表情だったり、声の調子だったり、言葉の使い方だったりと、色々な部分に出てきます。そのような視点で相手を観察していると、**「聞いて欲しいこと」「聞いて欲しくないこと」のサインも察することができると思います。**

その空気を読み取り、「聞いて欲しい」サインが出ている間は、色々な角度から疑問を投げてみると良いでしょう。

サインは表情に出やすいものです。先ほどの「100足の靴」に関しても、話すときに相手がとてもうれしそうな表情をしていたら、

「きっと、何か自慢したいことやこだわりがあるのだろう」

という視点で質問を投げてみると良いと思います。

相手の表情から聞いて欲しい質問を読み取ること。ポイントは、**相手にとってそれが「どんな価値、どんな存在であるのか」を軸に聞いてみると、その思いが引き出せると思います。**

レシピ

10

「なぜそうなるのか？」という疑問力！

11 言葉は〝暗号〟正確に理解することが大切

よく「言葉が足りない」と言われたり、感じたりしたことはありませんか？
同じ意味の言葉でも、人によって表現する方法は違います。人それぞれ、自分の体験から無意識に出てくる言葉だからです。たとえば

職場で上司から、

「すぐに取り掛かって欲しい」

と言われたとき、**「今すぐ」**、**「今日中」**、**「明日の朝まで」**というように、「すぐ」という時間の感覚は人によって違うと思います。確認もせず、自分の感覚で受け止

めて仕事をしていると、結果的に上司を怒らせてしまうという事態にもなりかねません。

これは、その人の価値観で言葉が省略化されてしまっている現象です。言葉の認識の違いが勘違いを引き起こす原因にもなってしまいます。

「いつまでに取り掛かればよろしいですか？」
「今日中でよろしいでしょうか？」

など、相手がどういう意味で言っている言葉なのかを質問し、確認することが大切になってきます。

人によって自分なりに言葉を「暗号化」している場合があります。「すぐ」とは＝「今すぐ」を意味し、「説明しなくても部下は、すぐに動くべきことと察してくれるだろう」と思い込んでいる上司もいるかもしれません。

このように**言葉が「省略化」されることで情報が欠けてしまうのです。**

私はＮＨＫの取材で「街探検」というコーナーを８年間担当してきました。その街に住む職人さんや、地元商店街の人達などにインタビューし、そこに暮らす人々を通して街の魅力をリポートするという内容でした。

このコーナーで、神奈川県の藤沢から鎌倉を結ぶ路面電車、江ノ電を取材したことがあります。

「江ノ電を愛する人」というテーマで、当時、江ノ電を描き続けていた画家、故田口雅巳さんにインタビューした時のことです。

「江ノ電のどんな魅力を描き続けたいとお考えですか？」

と伺ったところ、

「目に見えるもの以外も、描き込んでいきたい」

と田口さんは答えられました。

そこで、私は**「目に見えるもの以外」**という言葉に注目し、想像してみました。

これは実際に目に見えたものから、田口さん自身が何か感じたことを描き添えたいという意味であると考えました。

そして、言葉を補うように、さらにこう質問しました。

「それは沿線の人達の暮らしぶりが分かるように描くということでしょうか？」

この質問に対し、

「それが時代によって変わってくるから、その都度描いておくと、ああ、昔はこうだったなあとか、今はこうだとか出てくるでしょう」

とお答え下さいました。

「目に見えるもの以外」という言葉の中には、移り変わりゆく街の様子や生活している人々の姿を、記録として残しておきたいという田口さんの想いが詰まっていたのでした。

このように、言葉の奥には欠けている情報が多く潜んでいます。話を聞く上で重要なのは、**相手の言葉に欠けている情報は何かを探ることです。**そして、「もしかしたら、相手の言葉はこういうことを意味しているのかもしれない」と考え、「それは、こういう意味ですか？」と、イメージした言葉を補って聞きます。

相手の言葉にプラスα情報を添えて、自分の理解と一致するかどうか確認して聞くと良いと思います。

もし、全く理解ができない場合は、気後れせずに

「それはどういう意味ですか？」

「～とは？」

「～という点をもう少し詳しく教えて頂けますか？」

と率直に聞き返すことで、話し手は具体的に説明しようと考えます。

人は、夢中で話をしているときは、相手に話の内容が伝わっていないことに案外気付かないものです。

聞き手が言葉を補って改めて聞くことで、話し手の曖昧な言葉が、徐々に明確な言葉へと導かれます。

聞き手の役割は、質問によって話し手の答えを明確なものに導くことだとも言えます。

レシピ

11

省かれた言葉の奥に、色々な想いや体験が隠されている

12
〝質問不足〟は相手のしゃべりたい欲求に不満をもたらす

フランスのオランジェリー美術館で、モネの最後の大連作「睡蓮」の絵を見た感想を、ある方にお話した時のことです。

絵の感想を聞かれて、私は、

「モネの睡蓮の絵から〝エネルギー〟のようなものを感じました」

と話しました。ところが、それを聞いた相手の方は、

「絵から〝癒し〟を感じることはあるけれど、〝エネルギー〟ですか……」

と、そこで会話が止まってしまったのです。

恐らく、〝癒し〟と〝エネルギー〟とでは言葉の意味がかけ離れていて、そこから先に話をどう展開したら良いのか、分からなくなってしまったのだと思います。後で「本当なら、もっと聞いて欲しかった」という思いが、私の中に残りました。

この時、私は質問される側の立場でした。

いつもとは逆の立場を経験したことで、**相手を理解するためには、言葉の意味の追求がとても大切であること**を改めて実感しました。そこが質問の要《かなめ》となるのです。

では、どのような点に注目し、質問したら良かったのでしょう。

まず、私が聞いて欲しかったのは、

「なぜ、モネの睡蓮の絵を見て〝エネルギー〟と感じたのか、〝エネルギー〟とは何か」

という点でした。

〝エネルギー〟という言葉の中には、多くの情報が含まれていました。
モネの「睡蓮」は、庭園の池に浮かぶ睡蓮の花のある風景を、朝・昼・夜、そして春・夏・秋・冬のそれぞれのテーマで、時間や季節によって移り変わる様子が描かれています。

私は、絵の背景に描かれている「光」の描写が、非常に巧みであると感じました。その「光」から自然が作り出す力強さを感じ、それをひと言で〝エネルギー〟と表現したのでした。

さらに、モネが晩年に過ごした自宅兼アトリエのあるジヴェルニーまでバスに乗って足を運び、絵の舞台となった実際の風景を見に行きました。1枚の絵から、ジヴェルニーに行こうとまで衝動を呼び起こされたことも、〝エネルギー〟という言葉に表現されていました。

相手との意見や価値観の違いは言葉の使い方やキーワードに表れます。

前述のように、その違いを避けずに受け入れ、さらに理解するためのキーワード探究が大切です。

質問によって、キーワードに省略された相手の思いを引き出しましょう。

レシピ

12

キーワード探究で価値観や意見の違う相手を理解する

13 「ギクシャク会話」をスムーズに進めるコツ

茶道の教えに「一期一会」という言葉があるように、「人と出会っているその時間は二度と巡っては来ない一度きりのもの」と、相手と共有する時間を大切に思うことが肝心です。

特に会話は生もののように、一瞬で言葉が流れてしまいます。ですから、相手の言葉をひと言ひと言しっかりと受け止め、真意が見えはじめたときは、その瞬間を見逃さないことです。

先にお伝えしたように、人と会う前には事前の準備もある程度大切ですが、自分が思うように話は進まないものと考え、肩の力を抜くと良いでしょう。

無理に質問のシナリオに当てはめようとするのではなく、どんな展開になっても柔軟に対応できる余裕が必要です。

私もインタビューの前には、これは必ず抑えておきたいという大事なポイントと、話の方向性のみを考え、あとは流れに任せるという心構えで臨んでいます。

取材で事前に聞いていた話よりも、本番でカメラが回ってから出た話の方が、よりその方の魅力や真意を引き出すことができたりするものです。

その時の相手の気分や状態によっても、何が飛び出してくるか分かりません。

「自然の流れに任せる質問」こそ、相手にとっても、「身構えない形で答えやすい質問」となります。

「自然な流れ」＝相手のテンションを損なわない聞き方をするために必要なポイントの4つをご紹介します。

1　相手と向き合うときは、自分自身の心を白紙にする
2　相手を迷わせる質問をしない
3　相手のテンポに合わせる
4　相手の話を集中して聞く

では、このポイントを一つずつ見ていきましょう。

1　相手と向き合うときは、自分自身の心を白紙にする

自分がよく知っている話題が出た際に**「それについては私もよく知っています」**

や、**「それはこういうことですよね？」**などと言ってしまい、相手の気分を損ねてしまうというケースもあります。

たとえ、自分がよく知っている内容であっても、相手の話を途中で遮るようなリアクションをしないようにしましょう。もし知っていることを伝える場合には、「そのお話は聞いたことはありますが、詳しくは知りません」というような伝え方をし、相手が話し続ける意欲をなくしてしまわないように配慮しましょう。

相手のテンションを下げてしまわないためにも、いったん**自分の心を白紙にして相手の話をそのまま受け入れることが大切です。**

「自分が知っている以上の情報が得られるかもしれない」という新鮮な気持ちで聞きましょう。

2　相手を迷わせる質問をしない

質問は具体的、かつ簡潔にすること。質問をするときに聞きたいことがたくさんあったり、どう質問したらいいかと迷いながら聞いていると、つい質問の言葉が長くなってしまうことがあります。

そうなると、相手も、何をどう答えたら良いか分からなくなってしまいます。聞き手が迷って質問をすると、当然、話し手も答えに戸惑います。

まず**「1回の質問に一つのキーワード」を基本にすること。**

テーマの大きい質問は話の最後にまとめとして聞く方が良いと思います。

話題によっては、「過去」「現在」「未来」というように、時系列を意識して聞くと相手も分かりやすいでしょう。

聞き手の立場になって、**答えやすく、簡潔で具体的な質問をしましょう。**

3　相手のテンポに合わせる

私はどちらかと言えば、普段は早口の方ですが、人に質問をするときはテンポを相手に合わせるようにしています。

テンポは会話において、相手との信頼関係を作る重要な要素です。人は自分とテンポの合う人に好感を持つそうです。普段早口な人が、相手に質問するときも同じように早口で言葉を投げかけてしまうと、相手によっては自分の話をしっかり受け止めてもらえないと感じ、不快さを感じることもあります。

相手のテンポや「間」に合わせて、相手が心地良いと感じる雰囲気を作りましょう。

4　相手の話を集中して聞く

質問を投げたら、相手の話を集中して聞くことが大切です。相手の話すキーワードを転がすように質問をしていくことがポイントです。

次にどんな質問をしようかと段取りばかりを考えながら話を聞いていると、相手の話の内容がしっかり理解できなくなります。そうするとリアクションも返せなくなりますし、次の質問も余計に思い浮かばなくなってしまいます。

相手を尊重して、しっかりと話を聞くようにしましょう。

「一期一会」の気持ちで相手としっかり向き合うこと。それが、再会につながるステップとなります。

レシピ

13

相手との時間を大切にし、自然な流れに沿って質問すること

第4章

これで安心！ アナウンサーの質問基礎テクニック！

Announcer's Question Recipe

14 印象的なひと言で、相手の「話してみたい」を引き出す

出会いの最初にどんな言葉を掛ければ良いのか、戸惑いますよね。

でも、緊張しているのはお互い様です。私も取材やイベントの仕事などでは、はじめてお会いする方がほとんどです。

最近ではメールでのやり取りが主な連絡手段ともなっていますが、お会いする前には、なるべく電話での会話を大切にし、相手の声や話し方で特徴をつかんでおくことをお勧めします。

直接の会話の時間を少しでも多くもつ方が、実際にお会いしたときの緊張も和ら

ぎ、会話もスムーズにいくと思います。

そして、会った瞬間には、笑顔で挨拶。自己紹介を兼ねて、「お会いできてうれしいです」「お忙しいところ、お時間を頂きましてありがとうございます」などと、**感謝の気持ちをまず伝えることです。**

感謝のひと言から入れば、相手も心地良く会話してくれることでしょう。

名刺交換では、相手の名前や会社名、肩書を確認し、名刺のキーワードについて聞いてみます。

「珍しいお名前ですね。何とお読みするのですか？」
「○○という部署は、どんな専門になるのですか？」
「御社の商品の○○は私もよく使わせて頂いております。使い心地がとても良いですね」

このように、名刺1枚からの情報で、色々と質問も広がると思います。関心をもっていることを、言葉で相手に伝えることによって、相手も**「もっと話してみたい」**という気持ちになります。特にメーカーで勤務している人は、自社製品にとても愛着を持っているため、話題にされると喜ばれるものです。

私もアナウンサーの仕事をはじめる前は、大手酒類メーカーに勤めていました。その頃を思い出すと、やはり自社製品には誇りを感じていましたし、製品を褒められるとうれしかったことを覚えています。

相手のテンションを上げるひと言もポイントです。相手と自分との間に、つながりや接点がないかを、探しながら質問すると良いと思います。

そして、本題に入る前には、

「今日は〜についてお伺いしたいと思います」

と、話の目的やテーマを伝えることで、相手も心の準備が整います。

ビジネスにおいては、相手への「感謝」のひと言からはじまり、敬意を示す言葉が相手の心を惹きつけると思います。

また、多くの人が参加する懇親会の席の場合は、相手よりも先に自分から積極的に話し掛けるようにしましょう。自分の名前を覚えてもらうことが第一。そして、一番身近な話題から触れて、共通点を探してみます。

「今回はどんなきっかけでこちらの会に参加されたのですか？」

など、会に参加したきっかけや目的などを聞いてみると良いでしょう。

お互いに参加した動機が分かると親近感が湧きますし、同じ動機の場合は共通意識が持てます。

他にも偶然の共通点があるかもしれません。たとえば、同じ学校、同じ出身地、同じ趣味などが挙げられます。

聞き手「〇〇さん、どちらのご出身ですか？」

話し手「福岡です」

聞き手「えっ？　福岡ですか？　私も福岡が故郷です！」

このような展開になると、相手との距離がぐっと縮まり、つながりを強く感じることもできるでしょう。他にも、自分が興味を持てる話題を見つけ、お互いに共感できるポイントを探すのもよいでしょう。

相手を惹きつけるオープニングトークのポイント

〈ビジネス〉

1　感謝の気持ちを伝える
2　名刺からの情報などで相手への関心を示すことでテンションを高める
3　目的を伝える

〈懇親会・パーティー〉

1　自分から声を掛ける

２　共通点を探して話題にする（出身地・出身校・交友関係・趣味・参加の動機など）

３　自分が興味を持てる話題を探す

この3点でオープニングトークが盛り上がれば、相手は心を開いて向き合ってくれることと思います。

レシピ

14

最初のひと言で相手をぐっと惹きつけ、距離を縮める

15

声の魅せ方で相手の反応は変わる

声が大きく豪快な人
声が小さく優しい感じの人
声が高く明るい感じの人
声が低くて少し暗い感じの人
早口でせっかちな感じの人
ゆったりとしていて落ち着きのある感じの人

相手の声のタイプや話の内容に合わせて自分の声も演出を変えて質問すると、相手との一体感が生まれ、話を引き出しやすくなります。

声の演出とは、声の大きさ、高さ、テンポ、抑揚など会話のリズムのことです。

「私はどのくらいの声の音域を持っているだろう?」

「私の声って高い? 低い?」

声にはその人の生まれ持った音域があります。その音域によってイメージも違ってきます。

一般的に高い声は明るく軽快な感じもしますが、あまり高すぎると耳障りにも聞こえてしまいます。反対に低い声の場合は、落ち着いた感じがしますが、低すぎると暗い感じにもなります。

それぞれに良い点と悪い点がありますので、その場に合わせて高さを調整する必要があります。

では、どのように調整すればよいのでしょう？

相手によってトーンを調整する

質問する声のトーンが低いと、話が盛り上がらなくなってしまうことがあります。もともと声の低い人が、相手の高い声に合わせようとしても無理が生じます。そこで、高い声よりも、明るい声を目指すと良いでしょう。

笑顔は声のトーンも引き上げてくれます。口角を上げて、笑顔で話すだけで声のトーンは上がり、明るい声が出ます。これを私は**「笑声」＝「えごえ」**と言っています。「笑顔の声」のことです。

普段から「笑声」で話すように意識すると効果的です。

逆に声のトーンが高い人がトーンの低い相手に話すときは、いつもよりちょっと落ち着いた声をイメージして話すようにすると良いと思います。

内容によってトーンを調整する

会話の内容によって、トーンを変えることも効果的です。

楽しい話題や感動的な話題のときは、声を大きくしたり、トーンも高くします。

反対に、悲しい話題や真剣な話題のときは、声を小さめに、トーンは低くします。

このように、話題や相手の気持ちに合わせて声を演出することで、**会話にリズムが生まれ、質問の流れもスムーズになります。**

電話での会話はトーンが大事

声の特徴が顕著に表れやすいのは、電話での会話です。

女性は電話で話すときに、声がワントーン高くなる人がいますよね。

以前、職場でいつも電話になると、声のトーンが急に上がる人がいました。その時は、「ちょっと大げさな感じに相手に聞こえてしまうのでは？」と思っていましたが、会話が弾んでいる様子を見ると、「必要な演出かもしれない」と感じるようになりました。

電話は相手が見えませんから、声の調子だけで相手の気持ちを把握しなければなりません。相手に好感を持ってもらうためには、**いつもより少し大きくトーンを変えて話すことが大切です。**

単調で変化のない話し方では、質問の内容もダイレクトに伝わりません。せっかく良い質問であっても、相手の心に響かなければ、相手の真意を引き出せないという残念な結果になってしまうのです。

相手の話し方・反応・話題によって声の演出を変えてみましょう。

レシピ

15

声の演出で相手との一体感を創り出す

16 「リアクション」が懐に入るキーになる

アナウンサーの仕事をはじめるまで、私のリアクションはほとんどないに等しいものでした。

「ふ〜ん」「はい」「そうですか」。

愛想もなく、聞いているのかどうか、相手が不安になるようなリアクションだったと思います。

話し手は聞き手の反応によって、話す意欲にエンジンが掛かるものです。

インタビューを通してリアクションの効果を実感してからは、リアクション力を高めるよう努力をしてきました。

テレビ番組でも、ちょっとオーバーなくらいにリアクションをする方が、視聴者にとっても分かりやすく、惹きつけられるものなのです。また、自分が思う程、他人にはオーバーに聞こえません。

同じ女性リポーターに「リアクション王」と呼ばれていた仲間がいました。彼女のリポートはリアクションが大きく、楽しみにしている視聴者のファンも多かったようでした。


相手があまり話さないタイプであれば、よりリアクションで盛り上げていく必要があります。

取材した方の中でも、江戸職人と言われるような、細かな手作業をされている職人さんは、常に作品に向かって黙々と作業をしています。そんな職人さんは、話すことが苦手な方も多く、聞く側のリアクションが非常に大きな助けになりました。

相手が言葉に詰まってしまったときは、

「○○さんはこういうことを言いたいわけですね？」

と確認したり、相手が言ったキーワードを繰り返して言う、いわゆる「オウム返し」をして、助け舟を出すことで会話がつながります。

聞き手が言葉を繰り返すことによって、話し手は自らの言葉を確認することができるのです。

さらに、「ちゃんと聞いてくれているんだ」という安心感を持つこともできるため、大変効果的です。

人は受け取った情報に対して、ＹＥＳかＮＯか常に頭の中でチェックしています。自分の言葉が、相手の口から繰り返されることで、頭の中でＹＥＳの反応しか出てこないようになります。そうすると、そのチェック機能が外れて相手を受け入れる態勢ができるのです。

特に、初対面はどこかに警戒心があるものです。まずはそれを取り除き、相手から信頼を得ることが大事だと思います。

注意したいことは、オウム返しをするキーワードは、話し手が繰り返して欲しい言葉でなくてはなりません。誤ったキーワード繰り返しても、話し手は「それが言いたいわけじゃないのに……」と違和感を感じて、NOの反応になってしまいます。

A「先日、オーストラリアのブリスベンのスタジアムで、ラグビー観戦をしてきました」

B「ブリスベンですか。何年か前に行ったことがあるけれど、また行ってみたいものです」

A「ラグビーも本場なので、白熱した試合が観れましたよ」

これは誤ったオウム返しの例です。

Bがオウム返しした言葉は**「ブリスベン」**ですが、Aが伝えたかったのは**「ラグビー」**というキーワードだったのです。

つまりBは、話し手の想いよりも、自分の想いを優先し、**「ブリスベン」**をオウム返ししています。

先にもご紹介したように、人は自分の価値観や経験、体験からイメージする言葉で答えがちです。

食い違いが起こった場合、すぐに気付けば、

「ラグビーの本場ですよね」

とオウム返しを修正することで、相手の話に戻ることができます。

このように、自分が興味を持ったキーワードを選ぶのではなく、**相手が伝えたいキーワードを選ぶことがオウム返しのポイントです。**

そして、ポジティブな内容に対しては、リアクションも大きくすることです。

相手の感動や、喜び、うれしさに対しては、「良かったですね！」「それは何よりでした」「感激しますね」「ありがたいですね」などの言葉によって、相手のポジティブな気持ちが膨らみ、会話が弾みます。

レシピ

16

ポジティブリアクションは会話の潤滑油

17 誰もが怖がる「沈黙」の生かし方

親しい仲での会話の沈黙は、お互いに空気を共有する感じがして、あまり気にならないものですが、初対面の相手との会話で沈黙になると気持ちが焦ってしまうということがよくあると思います。でも大丈夫です。**その「間」をうまく生かして、相手の反応を確かめれば、沈黙は怖がることはありません。**

私もインタビューに慣れない頃は、沈黙の連続でした。

相手が沈黙になってしまった瞬間に何を聞いたら良いか分からなくなり、次の質問の段取りばかり気にしていました。そのため、「考える間」ができてしまい、しばらく沈黙が続く状況になってしまいました。質問の内容ばかりを考え、相手の話をあまり聞いていなかったため、リアクションも返せずにいました。

挙句の果てには、つなぎの言葉が全く見つからず、撮影を中断したときさえありました。この時ばかりは本当に落ち込みました。

新人の頃は、ディレクターからの影の声（背後から私の代わりに質問してくれる声）に助けられて、ようやくインタビューを終えるといった状況でした。

ディレクターの影の声から学んだのは、相手の「間」に惑わされることなく、**待てば言葉が出てくる「間」なのか、それとも話を切り替えた方が良い「間」なのかを見極めるということでした。** それは相手をよく観察しなければ分からないものです。

目の動きや顔の表情で、まだ何か言いたそうな動きを感じたときは待ってみます。

反対に全く表情に変化がないときは、話を切り替えるタイミングです。

沈黙になると、「何か言葉でつながなくちゃ」という焦りの気持ちから、相手の顔を見ることができなくなり、ただ、考え込んでしまいます。そんなときこそ相手の目を見て反応を確かめます。そして、これ以上は話が出てこないと判断したときに、

「これまでのお話はとても良く理解できました。〜ということだったのですね」

と確認したり、

「お話を聞いていて、〜という方だなと感じました」

「お話の中で、〜が印象に残りました」

など、相手の話を受けて、印象に残った内容をまとめて話してみると、沈黙も解消できると思います。

さらに「間」は質問をする際に、テクニックの一つにもなります。

私はＮＨＫにいた頃、週に１回、松平定知《さだとも》アナウンサーの鍛錬会と呼ばれる勉強会に参加していました。この会は、久保純子さんをはじめとするアナウンサーやキャスターに、松平さんがニュースの読み方、伝え方を直接ご指導下さるというものでした。そこで教わったのが、「間」の効果です。

「間」は強調したいキーワードの直前にとることで、相手に効果的に伝わります。この技法は今でも大変役立っており、最も重要な質問を投げかけるときに使っています。

このように「間」は使い方によって、相手に伝えるための効果的な要素になります。ぜひ、**「間」をうまく操る「間術師」を目指して下さい。**

レシピ

17

「間」は相手を理解するための空白

第5章

真意を引き出す質問のルール

Announcer's Question Recipe

18 流れるように本音が出てくる油田掘

質問の方法は、大きく分けると2つあります。

私はこの2つを「露天掘《ろてんぼり》」＝（広く浅く聞く）と、「油田掘《ゆでんぼり》」＝（狭く深く聞く）と呼んでいます。

一般的な日常会話では、「露天掘」の質問方法がよく使われます。多くの情報を引き出すために、断片的に広く聞くというスタイルです。たとえば、いつ？　どこで？　何を？　どうして？　どんな風に？　と5W1Hを聞き出すような方法です。

その一方で、相手の本音を聞きたいというときは、テーマを一つに絞り込んで、狭く深く聞くという「油田堀」の質問方法が有効です。仕事をはじめたきっかけは？　その魅力は？　今後は？　というように、相手の思いや気持ちを探り出す方法です。

「相手の話を深く聞き出すのは失礼なのでは？」と躊躇《ちゅうちょ》してしまう人が多いかもしれません。しかし、油田堀の質問方法は、聞き手が話題を追求していくのではありません。相手が自ら答えを深めてくれる方法なのです。

その方法は、**相手の言葉からヒントを得て、質問をしていけばいいだけです。**

相手が言ったキーワードをオウム返しし、そのキーワードについて「それはどういうこと？」とさらに聞き返したり、＋αの言葉でリアクションすることで話が自然に深掘りされていきます。

Q「どんな趣味をお持ちですか？」

A「**フラワーアレンジメント**です」

Q「**フラワーアレンジメント**ですか。いつからはじめているのですか？」

A「もう**10年**ぐらい前からです」

Q「**10年**って長いですね。長く続けられる魅力は何ですか？」

A「花は季節ごとに違うので、色々な**組み合わせを楽しめる**からです」

Q「**花の組み合わせを楽しめる**ことが魅力なのですね？　自分の作品を飾っておけるのも良いですね」

A「そうですね。また、**人にプレゼント**するととても喜ばれるので、自分で楽しむだけでなく、誰かにプレゼントできることが、よりうれしいですね」

Q「**人にプレゼント**できれば、作るのも楽しくなりますね」

A「ええ。もともと、フラワーアレンジメントをはじめたきっかけも、友人からプレゼントされてとても綺麗だし**うれしかった**からなんです。その時に、自分で作れるようになれたらいいなと思いました」

Q「自分がもらって**うれしかった**ものを、今度は別の人にプレゼントして喜ばれるって、とても素敵なことですね」

A「ありがとうございます」

聞き手は最初、自身が楽しむ目的でフラワーアレンジメントを続けていると解釈しました。ですが、オウム返し＋αの言葉で聞き返すと、本音に**「人を喜ばせたい」**という想いがあることを、話し手自ら語りはじめました。

「相手のキーワード＋αの言葉を添えて質問する」を繰り返すことで、話し手も自分の言葉が本意かどうか、確かめながら答えるようになります。

真意を追求するのは質問者ではなく、話し手自身なのです。

油田堀のコツ

1　テーマを一つに絞り込んで聞く

相手のキーワードの中から、特に気になった一つのキーワードについて深く聞いてみるというスタイルです。

2　いきなり深く掘り下げない

唐突な質問は相手に拒否されてしまいます。

特に初対面では、ガードが固くなるため、いったん、拒否されてしまうと、その先、話を続けることも難しくなってしまいます。少しずつ掘り下げることで、相手が知らず知らずのうちに、自然な流れの中で自ら答えを見つけ出し、本音を語り出すように促すことです。

レシピ

18

真意は「油田堀」の質問で自ら語る

19 問いかける言葉で人は変わる

「夢は一度種を蒔いたら一生消えることはない」

真意を引き出すインタビューとして、最も印象に残った取材は、神奈川県相模原市にある中学校での美術の授業でした。

心を育てる教育を目的としていたこの学校で、当時美術を教えていた太田恵美子先生。彼女は、生徒達にいつも、ある質問を繰り返していました。

「この1枚の落ち葉からどんな声が聞こえてくる？　自分に何を語りかけているか描いてみて」

そう問いかけられた生徒達は、しばらくじっと落ち葉をみつめ、その声を聴こうと集中します。そして、感じたままの落ち葉を絵にし、さらに葉が自分に語りかけてきた言葉を書き添えていきます。太田先生は、

「何が見える？」「何が聞こえる？」「何を感じる？」

と囁くように質問を繰り返しながら、自分で考える力を養う授業を行っていました。1枚の絵を通して子供たちは自分の心と向かい合い、夢を明確にし、描いていきます。

中学2年の生徒達は、自分が尊敬する歴史上の人物をテーマに描いていました。ある女子生徒は、ゴッホのひまわりを描いていました。

床に散乱する何本ものヒマワリと、窓辺に映る山の景色を眺める少女。床のヒマワリはゴッホの死を表し、山は試練、そして少女は孤独な彼女自身。山の向こうの自由に憧れている姿を表現していました。

彼女はかつて不登校の時期があったのですが、この絵で何を伝えたかったのか、真意を訊ねると、

「親や先生に怒られたりしたときは、落ち込むことがありましたが、それも試練なんだと思いました。ゴッホを調べているうちに、自分の13年間の悲しみや苦しみは、ゴッホの苦しみや悲しみにはとても届かないものです。これからもイヤなことがたくさんあると思いますが、負けずに立ち向かって、ゴッホのように素晴らしい人になりたいと思いました」

と話してくれました。太田先生の授業を通して、自分の孤独さに向き合い、試練を乗り越えていこうという強い気持ちを持ちはじめたのです。

この授業は「ヒューマン・ドリーム・ビジョン」といわれ、最終的に「歴史上の人物の生涯を通して、その生き方や考え方を、自分のこれからにどう生かしていくのか」という質問に辿り着くものです。

さらに卒業前には「パーソナル・ドリーム・ビジョン」＝「将来の夢」をテーマに描きます。「何をするのか？」「何がしたいのか？」「どんなことで社会に貢献したいのか？」という自分への投げかけを続けながら、夢を実現するためのプロセスを考えていきます。

「夢は一度種を蒔いたら一生消えることはない。子供達に心の栄養を与えていきたい」インタビューでお伺いした太田先生の言葉です。

卒業した生徒達のその後ですが、ゴッホを描いた生徒は画家に、ナイチンゲールを描いた生徒は獣医に、レオナルド・ダ・ヴィンチを描いた生徒は看護婦になりました。

質問によって導き出された才能と夢の実現。

太田先生の想いが生徒達一人一人の胸にしっかりと受け止められ、それぞれの夢の実現へと向かっていったのです。

この取材を通して、**質問の力は、正に人生の選択を決めるパワーを秘めていることを改めて実感しました。**

レシピ

19

質問には人の夢を導き出す力がある

20 「気付き」と「感謝」が生まれる質問

先にもご紹介した油田堀の質問をしていくと、最後に辿り着くのは、「無意識」の部分です。

これまで取材をした方から、インタビューが終わって「自分はこんな風に考えていたんだなと気付かされました」と言われたことがありました。その時に、**質問は相手の無意識を意識化させることができるもの**だと感じました。

そして、とてもうれしそうに話す表情を見ていると、何だかちょっと良いことをしたような気分になって、私までうれしくなってしまいました。

人は、当たり前のように感じていることには自分で気付かなかったり、感動したことでも、時間が経つと忘れてしまっていることがあります。それらは記憶から全く消えてしまっているわけではなく、頭のどこかに残っているため、相手から繰り返し、質問をされるうちに、ふと思い出す瞬間があるのです。

自分では忘れかけていた、本当にやりたかったことや本来の目的を、質問されることで思い出す。そして、原点に立ち戻ることができ、改めて情熱が蘇ってくる。

あなたにも、そんな経験はありませんか?

このように質問は、相手の無意識になってしまったことをもう一度、掘り起こす力もあるのです。

私が行っているセミナーで、相手の「好きな色」にまつわるエピソードなどを質問し、その人の価値観を引き出すというワークを行ったことがありました。

参加者の中に
「好きな色は紫です。当時、私に厳しくて大嫌いだったおばあちゃんがよく紫色の着物を着ていました。それから、何となくずっと印象に残っている色です」

と言う方がいらっしゃいました。

そこで私が疑問に思ったのは、「大嫌い」だったおばあちゃんが、よく着ていた紫が「好き」だという矛盾さでした。

「どうして大嫌いだったおばあちゃんの着ていた紫色が好きになったのですか？それは、もしかしたら本当はおばあちゃんのことを好きだったのでは？」

とさらに聞いてみたところ、一瞬考えていましたが、

「今思えば、本当はそうだったのかもしれません」

と答えました。

質問されてはじめて自分の答えの矛盾さに気付いたのだと思います。

インタビューという仕事がそれまでは苦手で好きではなかった私は、取材相手の「気付かされた」というひと言をきっかけにインタビューの面白さを感じるようになりました。

人の無意識の一つに「自分の取り組みが、最終的に人のためになる」という喜びがあります。それはどの人にも共通しているように思います。

人は、「誰かの役に立ちたい」という想いがあるのです。自分を認めてもらえる場があることで、人は頑張れるのだと思います。

これは「自己重要感」と言って「自分が誰かの役に立っている。人に認められている」という感覚です。この欲求は人間の欲求の中でも一番強いもので、これをなくしては人は生きていけません。

相手が「最終的にはどんな想いを叶えようとしているのか」ということを前提に

質問していくと、**相手の無意識にある願望を引き出すことができ、相手に喜ばれる会話をすることができます。**

レシピ

20

質問は人の無意識を意識化させることができる

21 本音を引き出すタイミングとヒントの与え方

本音は、はじめから語られることはほとんどないので、少しでも本音を話しはじめたタイミングを見逃さないことが肝心です。人は質問されると自分自身と向き合って考え、自分との対話の中で出てきた言葉を話します。特に、本音を語るときは声に変化が表れます。

あなたが本音や真実を打ち明けるときの話し方を思い返してみて下さい。

「実はね……」「本当のことを言うと……」

と話しはじめませんか？　そんな時の声の調子は、急に小さい声になり、トーンも低くなると思います。もしくは、前置きの言葉もなく、突然ボソッと語られる場合もあるでしょう。

どんな場合でも、**相手の話を集中して聞き、呟く言葉に注目してみると、本音を聞き逃すことなくキャッチできると思います。**

また、「目は口ほどに物を言う」と言われるように、目には瞬間的な想いや気持ちが表れるものです。本音をキャッチするポイントとしてアイコンタクトも大切です。目の表情を観察していると、ちょっとした変化に気付くはずです。

そして、相手が本音を語りはじめたときは、相手の話をじっくりと聞いてあげることです。たとえ、途中で何か口をはさみたくなったとしても、相手の話がいったん終わるまでは聞くことに徹し、意見を求められたときに話すという感じでよいのです。アドバイスを求められたときは、「～した方がいい」などと、自分の考えを押しつけるのではなく、「私だったら、こうするけど」という答え方をすれば、相手を尊重する会話になります。

さらに話が進むにつれ、相手が本音をいよいよ語ろうとしたときに、結論を急いで、「つまり～ということを言いたかったのね」と先に結論のヒントを与えてしまわないことです。

このように、ヒントを含む質問をすると、その言葉に捉われてしまい、話し手自身の言葉が引き出せなくなってしまうからです。

よくあるのは、口数が少ない相手の場合です。聞き手がつい色々な情報を与え過ぎてしまい、最後には相手が「はい」「いいえ」しか答えなくて済むような質問になってしまうのです。

私も取材の時に次のような質問をして失敗した経験があります。

「○○さんは、浮世絵を現代風にアレンジして描いていらっしゃいますが、それは、時代に合わせながら形を変えて、日本の文化の良さを残していきたい、継承していきたいという思いからなんですか？」

と聞いてしまいました。すると相手からは、「はい、そうです」としか答えてもらえませんでした。本来であれば、

「時代に合わせながら形を変えて、日本の文化の良さを残していきたい……」

というコメントは、話し手に本音として語らせたい箇所です。

同じ内容の話でも、人によって表現のしかたがそれぞれ違いますので、話し手の言葉でその想いを語ってもらうための質問が必要です。聞き手が選んだ言葉よりも、もっと新鮮で意外な言葉が引き出せるかもしれません。今の例ですと、

「○○さんは、浮世絵を現代風にアレンジして描いていらっしゃいますが、どんな想いがあってなのでしょう？」

と「どんな想い？」と聞くと、話し手は何か答えを出そうと考えます。そして、自分の想いを語りはじめると思います。

自分の主観を入れずに質問し、相手のちょっとしたシグナルを見落とさないように、目と耳で集中して相手の言葉をよく聞くことが大切です。

レシピ

21

本音は語りはじめが肝心。相手のシグナルを逃すな！

第6章

もう一度会いたくなるアナウンサーの余韻力

22

強みが「もう一度会いたい」につながる

これまで色々な方とお会いしてきた中で、「もう一度会いたい」と思える方は、やはり、何か輝きを持っている方です。その輝きとは、もちろん外見の素敵さ、センスの良さもそうですが、お話をしていて内面的な輝きがあり、「自分の強み」を持った方だと思います。

「自分の強みって何だろう？」と考えてみたことはありますか？

私もテレビの仕事をはじめるまでは、自分自身をアピールしたり、個性を生かすという場があまりなかったので、自分の強みについて真剣に考えたことがありませんでした。

でも、取材であらゆる業界の方々にお会いするため、カメラの前に立った瞬間は堂々とした対応ができるよう、パッと自分のスイッチを切り替えていました。

自分の弱い部分や、自信がない部分は全て捨て、自分の強みを生かすためだけのスイッチをオンにするという方法です。

アナウンサーの大事な要素として、ニュースは「信頼」「知性」「教養」、そしてリポートは「個性」や「切り口の良さ」が求められると教えられ、その場に合わせた伝え方ができるように努力を重ねてきました。さらに「自分らしさ」をアピールできるように試行錯誤してきたつもりです。

「自分のことは分かっているようで、意外に分かっていない」

というお話を第1章でお話ししましたが、ウィークポイントとは反対に、自分の強みについても周囲から褒められたり、評価されたりしなければ、気付かないことが多いと思います。

これまで歩んできた自分自身の軌跡を振り返ったときに、ウキウキするような体験、自慢できるような出来事を見つけると、そこから自分の強みが見えてくるものです。人から言われて気付くよりも、自分で見つける方が納得できるのではないでしょうか。過去を振り返って、自分のあらゆる引き出しを探ってみてください。

そして、自分の強みをアピールすることと同時に大切な事は**「相手に役立つ情報は何か?」「相手が望むことは何か?」を考えることです。**

よく初対面で、自分のことばかりをアピールする人がいます。それが相手に印象を強く残せる方法だと勘違いをしているためです。でも、一方的なアピールでは、相手に好印象を与えませんし、「押しの強い人」というマイナスイメージを持たれ、かえって損をしてしまいます。「聞き上手は話し上手」と言われるように、相手へのリアクションと質問が次につながるポイントになってきます。

まず、最初の自己紹介で「自分が提供できること」や、「自分はこんな強みを持っていますよ」と話した後は、「相手が望むことは何か」をじっくり聞くこと。そして、自分の強みを相手にどう生かせるかを考えることです。

さらに「何を大切にしているか」をさり気なく聞き出すことで、相手の価値観も分かり、お互いの接点を見つけることができると思います。

初対面で出会った相手から、「また会いたい」と思ってもらうためには、会ったときの心地よさと、縁を感じてもらうこと。つまり、相手から「この人から何か得られるかも。この人と一緒に何かできるかも！」という、相手からポジティブな可能性を持たれることがポイントです。

人に求める前に、まず自分が相手のためにできることを考える、それが次につながるための鍵になると思います。

レシピ

22

まず自分が相手に何ができるかを考えること

23 インパクトを残す、別れ際のひと言

出会った人と次につながるためのポイントは、別れ際の言葉です。こちらがまた会いたいと思ったときは、

「今日はありがとうございました。お会いできてうれしかったです。〇〇のことでしたら、いつでもご相談下さい」

というように、自分の強みをどう相手に生かせるかをアピールしながら、**「いつでもウェルカムですよ」という気持ちを言葉にして伝えると**、相手も気楽に声をかけてくれるようになります。

また、

「次回お会いするときは〇〇に行きましょう」

と、別れ際にもう一度、話が盛り上がったキーワードや共通の話題を繰り返すと良いでしょう。**感謝のひと言＋次につながるひと言（自分が提供できること・共通の話題）を添えることで、インパクトを残すことができます。**

そして最後の質問としては、

「またお会いできますか？」

このように聞かれたら、相手はもちろんNOとは言えませんし、相手にとってもうれしい言葉だと思います。この質問は、少し目上の人や、尊敬する人に対しても使えると思います。

また、話を聞いた後の感想や、前向きなコメントは、相手にとってうれしいものです。

私も講演が終わった後に直接、

「今日の講演は目からウロコでした！」「とても勉強になりました。明日から生かしていきたいと思います」

などのコメントを頂くと、やりがいを感じ、また次も頑張ろうという気持ちになれます。人は自分が他人からどう思われているのかを常に気にしていると思います。別れ際に相手がポジティブな気持ちになれるような言葉を掛けてあげることで、印象もぐっと良くなると思います。

「終わりよければ、全てよし」という言葉もあるように、相手に余韻を残すような言葉を掛けてみましょう。

レシピ

23

感謝のひと言に次につながるひと言を添える

24 出会いの余韻を印象づける

別れた後のフォローも大切です。

いくら別れ際にインパクトを残しても、時間が経つとともに、その印象は薄れてしまうものです。そうなる前に、私の場合は手紙を書いています。

取材に伺った方に必ずお礼の言葉とインタビューで印象に残った相手の言葉を添えて、手紙を書いて送っていました。

今では、メールでも相手にダイレクトに言葉を伝えることができます。でも、どんな便利な世の中になっても、言葉の温かさが伝わるのは手紙だと思います。

メールは言葉の選択によっては冷たくも、温かくも伝わるものです。直筆の手紙は文字から気持ちが伝わってきます。

「字があまりキレイではないから手紙は苦手」と面倒になるかもしれませんが、どんな字であれ、直筆は相手の心に響きます。


ある女優さんと親しくさせて頂いていますが、その方からお誕生日に頂いたお手紙を大切にしています。女優業という忙しい仕事にも関わらず、時間を作ってお手紙を書いてくれたというその温かい気持ちに、感激したことを、今でも覚えています。

手紙を頂くと、その人が書いている姿が目に浮かびます。その時間は自分のことを思ってくれているのだと思うと、嬉しくなりますよね。

便箋とペン、そして封筒と切手。手紙にはちょっとした準備も必要です。

いつも手紙セットの用意しておくと、思いついたときに書けると思います。
素敵な絵柄の便箋を文具店でみつけたりすると、誰かに書いてみたくもなります。

「もう一度会いたい」という気持ちがあれば、いつもより少しマメになって、相手に喜ばれることをしてみましょう。

レシピ

24

相手の心に届く手紙は、出会いの余韻を残す

第7章

こんなときどうする?
困ったときの対処法

Announcer's Question Recipe

25 「お願いサイン」が難しい相手の心を溶かす

会った瞬間に、

「この人、話しにくいな……」

と思ってしまうことがあると思います。たとえば、目の表情があまり変わらず、冷静な感じで、笑顔を見せない人。そして口数も少ないというタイプの人に対しては、気難しい印象が先にあり、なかなか話を切り出せないという状況になるかもしれません。

どういう話を、どんな立場でするかにもよりますが、こちらから何か頼みたいことがある場合は、**「力になって欲しい」という気持ちを素直に示すことが良い**と思います。先にもお話したように、人は誰かの役に立つことには気持ちが動かされるからです。

「実はご相談があってきました」
「アドバイスを頂けないかと思っておりまして」

と、はじめに「お願いサイン」をハッキリ示すことで、相手も「聞こう」という態勢になれます。

最初は世間話からはじめて、相手の様子を見てから本題に入るというパターンもありますが、特に気難しい人は、結論が見えないことを嫌う傾向もあります。世間話は少し短めにして、目的を先に話してみましょう。

素直な気持ちで相手と向き合うと、気難しいと思っていた相手でも、徐々に固いガードが取り払われて、話しやすい雰囲気に変わることもあります。

「一見、気難しい人だけど、話してみると良い人だった」というケースもありますよね。


人の第一印象は、見た目が一番の決めてとなりますが、たとえ、「見た目」の印象があまり良くない場合でも、「話し方」しだいで印象は180度変わります。

人は話してみないと分からないものです。**自分から自然体になって、素直な気持ちで相手に向かうこと。**これを忘れずに臨めば、気難しい人への質問もクリアできると思います。

レシピ

25

気難しい人には素直な気持ちで質問すること

26 「知ったかぶり」せず、聞く勇気を

専門用語はその業界で働く方にとってはお互いに理解できる用語かもしれませんが、一般的ではない用語である場合、分かりやすい言葉に置き換えて伝える必要があります。ですから、もし分からない専門用語を相手から話された場合は、率直に
「○○とは、どんな内容ですか?」
と質問し、理解してから次に進める方がよいのです。
知っている振りをしてしまうこともあるかもしれませんが、意味の分からない言葉が一つでもあると、ずっと気になってしまったり、その後の会話も理解できなく

なったりと良いことはありません。

確かに、**「知らないのは自分だけかも」**などと思ったり、自分が知らないことが伝わると、**「相手からどう思われるだろう？」**と不安になって、言葉の意味を質問しないままでいるケースがあると思います。会う前の事前準備として、会話の中で予測できる専門用語は調べ、知識として知っておく必要もありますが、突然その場で出てきた専門用語については、

「勉強不足で申し訳ございませんが、その用語はどんな意味ですか？」

と聞く勇気を持ちましょう。

相手は快く説明してくれると思います。

レシピ

26

分からない専門用語は知っている振りをせずに確認する

27 質問を聞き返されたときのチェック項目

質問を何度も聞き返された経験がある人もいると思います。

どうして聞き返されるのか、自分ではよく分からないままでいる場合もあるでしょう。

そこで、相手から聞き返される主な原因を3つご紹介しておきましょう。

1　質問の内容が理解できない

2　言葉が聞き取れない

3　相手がどの質問に答えたら良いか分からない

では、この原因を一つずつ見ていきましょう。

1　質問の内容が理解できない

聞き手が迷いながら質問していることが原因だと思います。**質問は相手に分かりやすく、端的な言葉を選んで聞くことが大切です。**そして「何を聞きたいのか」をハッキリ伝えましょう。

2　言葉が聞き取れない

発声や滑舌など、声の出し方や発音に工夫が必要です。

質問に自信がない人は比較的、声が小さくなりがちです。相手にしっかりと伝わる、響く声で聞くようにしましょう。

テレビ番組でも必ず、事前の音声レベル（音の強さ）のチェックを行います。いつも同じように声を出しているつもりでも、その日の体調などによって、声のレベルが違ってくるのです。

また、腹式呼吸を使って、声を張るように出すと効果があります。普段から、自分の声をチェックしていれば、相手に届く声のレベルが分かるようになります。留守電やボイスレコーダーを活用してみて下さい。

そして、聞き取れないもう一つの原因は**不明瞭さです。**これは滑舌の問題もあります。滑舌には早口言葉で口の体操をすることがお勧めです。

女性はサ行、男性はラ行が苦手という人が多いようです。それぞれの行を練習するための早口言葉をご紹介します。

（サ行）早速新設の診察室を視察　新人シャンソン歌手新春シャンソンショー

（ラ行）いらいらするから笑われる　てれるからからかわれる　だらだらするから

あなどられる

実は、私もサ行が苦手で早口言葉で訓練しました。お名前で「佐々木さん」と呼ぶときは、いつもトチリやすくなっていました。苦手な言葉が出てくると、焦ってしまうために早口になり、余計にトチリやすくなるのです。苦手な行は、スラスラ言えるように練習していくと、克服できると思います。

サ行が苦手な人はサの発音が英語のth（ス）に近い音になってしまうようです。「サ」の母音の「ア」をしっかり発音するようにしてみると、聞こえやすくなります。

滑舌は、意識して何度も練習することで改善できます。また苦手な言葉や発音については、早く言ってしまおうとせず、ゆっくり落ち着いて伝えるようにしましょう。

3　相手がどの質問に答えたら良いか分からない

質問にいくつもの要素があり、相手がどれに答えたら良いか分からないケースです。質問にまとまりがなく、一つの質問にいくつもの要素が入ってしまっているため、相手はとまどってしまいます。相手にダイレクトに伝わる質問を考えてみましょう。

慣れないうちは、オウム返しをうまく取り入れて、**相手のキーワードを使いながら言葉を絞り込んで質問につなげるようにしてみることをお勧めします。**

レシピ

27

簡潔にゆっくり・ハッキリ伝え直す

実践！

相手がおもわず本音をもらす質問レシピ

Announcer's Question Recipe

「快感エネルギー」で世界を渡る！

本書で解説してきた「質問レシピ」を使って、実際に、私がどのように会話を展開しているのかを、見ていただきましょう。お話を伺ったのは、世界で活躍するトップブライダルデザイナーの桂由美さんです。

テーマを『「快感エネルギー」で世界を渡る！』として、質問を投げかけていきました。

桂さんのご著書『世界基準の女になる！』（ＰＨＰ研究所）の中で語られている「快感エネルギー」が、大変興味深い内容だったため、直接お話を伺ってみたいと思いました。

牛窪　桂先生、どうぞよろしくお願いします。
ご著書の『世界基準の女になる！』を読ませて頂いたことがあるのですが、その中で先生は、「私にもたった一つだけあった誰にも負けない力は、『快感エネルギー』（＝夢をかたちにする）でした」と書いていらっしゃいました。小さい頃から「快感エネルギー」を持つポジティブなお子さんだったのですか？

桂　子供の頃から夢ばかり見ている子でした。
敗戦をむかえて世の中が変わっても、夢を見ることを忘れませんでした。
現実が辛いからこそ、夢を見ていたかったのだと思います。

牛窪　**現実が辛いからこそ夢を**[*1]、ということですね。
でも、ネガティブ[*2]になることはないのですか？

＊1　いったん、相手の言葉を受けてオウム返しをします。

＊2　どのようにポジティブに変えているのかという視点で話を広げていきます。話を広げるキーワードを選ぶうえで、それまでに投げかけていた言葉の反対語（ネガティブ）を用いるのは一つの手法です。反対語を用いることで、相手が意識していなかった発想の転換により、ポジティブな発想の奥にある真意を引き出せる可能性が高まります。

桂　「風と共に去りぬ」の主人公スカーレット・オハラのセリフで、「明日のことは明日考えよう」という言葉が出てきますよね。

私もその言葉の通り、何か考えるときは、翌日の朝考えるようにしています。夜疲れているときは、何でもネガティブに考えがちですからね。

社員との連絡事項や相談事は「連絡ノート」でやり取りしていますが、夜に返事を書いていると否定的になり、「NO」と言いやすいのです。朝の方がポジティブになれますから、夜に書いた場合は、翌朝、もう一度見直すこともあります。

大変なことは、色々ありますけれども、山中鹿之助の「願わくば我に七難八苦を与えたまえ」って言葉があるでしょう。苦にしない、くよくよしないのが大事だと思っています。

会長とかリーダーがしょげていたら、どうしようもないですから、自分を楽天的にしようと努力しています。

牛窪　**常に自分をプラスにコントロールされているのですね。**[*3]

桂　そうです。それに、嫌なことは先に取り組みます。どうしても人間って、楽しいこと、良いことを先にやりたいと思いますよね。スタッフからの連絡ノートに「何て返事したらいいのかしら？」と悩むことがあるけれど、嫌なことを先に済ませることで、後は楽しくなりますからね。ズルズルするのはダメです。
お客様のクレームがたまにはありますが、そういうときは店長に、「即座に対応するように！」と伝えています。人は時間がたつ程、余計に腹が立ちますからね。
それから、一生懸命やってもどうしようもないことは、忘れるのが一番です。

牛窪　なるほど。ダメなときは諦めるということですね。それも大事なのですね。

＊3　相手の話を、短い言葉で要約しながら受けます。

世界中に人脈が広がったのも、そんなポジティブな発想やエネルギーが波動した結果ではないでしょうか？[*4]

桂

そうです。何十年も前の話ですが、1ドル360円、銀行の手数料を入れたら400円という時代がありましたよね。海外旅行にめったに行けない時代に私は留学していたので、雑誌社が現地の臨時特派員として、私に有名人とのインタビューを頼んできました。『女性自身』から依頼され、オードリー・ヘップバーンや、グレース・ケリー王妃への取材をすることになったのです。

なかなか普通では会えない人に「取材です！」と言えば会ってもらえるので、このチャンスは生かさなければと思いました。

オードリーに取材をするチャンスは、パリでの映画撮影の最終日でした。最終日は月曜だったのですが、撮影後、彼女はすぐにス

＊4　ポジティブさをエネルギーの波動へとつなげました。相手から聴きだしたいテーマ『「快感エネルギー」で世界を渡る！』につなげるために、話の転換を促しています。

イスへ帰ってしまうとのこと。「日曜日にマネージャーのところに行かなければ間に合わない」と、追い込まれた気持ちになりました。

日曜日に初対面の人を訪ねるのは失礼だと百も承知でしたが、思い切ってマネージャーが滞在するホテルのドアを叩きました。そうしたら、やはり「あなたみたいに日曜日の朝に来た人ははじめてだ」と言われました（笑）。

牛窪　それだけ情熱的なのですね。

桂　結果として取材を受けてもらえたので、それを感じてくれたのではないでしょうか。利害などとは関係なく、**熱意から言っているということが分かると、相手の気持ちも動きます。**記事を書いて、日本人にオードリーの美しさを伝えた

い、という熱意が伝わったのだと思います。

牛窪　**桂先生の世界中にある人脈は、熱意によって広がったものなのですね？**[*5]

桂　そうです。特に若い頃の私には、知名度もなかったわけですからね。今は電話口で「桂由美です」と言うと、皆さんびっくりされて「桂さんが直接交渉されるのですか」なんて言われますけれど（笑）。

牛窪　**その熱意とは、相手の期待に応えようという気持ちからなのでしょうか？**[*6]

桂　私はよく母にそっくりだと言われます。
母は人のために尽くす人で、人が喜んでくれるとうれしくて快感

---

*5 桂さんが夢をかたちにしてきた「快感エネルギー」は「熱意」であると捉え、その捉え方で正しいかどうかを確認するための質問です。質問者の価値観で判断してしまうと思い込みが生じやすいので、肝心な点については自分の理解が正しいかどうかを相手に確認することが大切です。

*6 それだけの熱意をもってやり遂げようとする気持ちの真意はどこにあるのか、また、どんな想いがあるのかを探るために、一つの例として、「相手の期待に応えようという気持ちから？」と質問を投げかけてみました。

を得るタイプなのです。私もその想いは一緒です。
母は洋裁学校を運営していて、周りの方から「もう少しご自分の娘さん達を構ってあげたらどうですか？　よその娘さんのことばっかりしている」って言われていた程、人に尽くす人でした。

牛窪　**お母様が人に尽くしている姿を見て育ってきたから、同じ考え方になったのでしょうか？**[*7]

桂　DNAだと思いますよ。
中、高、大と、学生時代、演劇部に入って脚本を書いたりしていました。舞台を見にきたお客様から「生徒でもこんなにすごいドラマができるの」と言われて、うれしかったのを覚えています。テレビがない時代だったということもありますが、その舞台では衣装にこだわり、家にあった冬用のベルベットのカーテンでドレスを作りました。それが良かったのかもしれません。

＊7　お母様の存在がどのように影響しているのか、具体的に聞いてみました。

その冬に、母が「あれ？　おかしい。確かベルベットのカーテンがあったと思うけど、どこにしまったのかしら？」って大騒ぎしていたのに、私は知らん顔していました（笑）。母は舞台を見にきていなかったので、ばれることはありませんでした。私も人を喜ばせるのが好きなんですよね。だから当時は演劇が好きで、今はファッションショーが大好きです。結婚式も同じように、ドラマティックな要素があるから好きなのですよね。

牛窪　**サービス精神**が旺盛なのでしょうか？

桂　あまり**サービスとは思わないですね**。

牛窪　[*8]**自然な気持ち**からなのでしょうか？

*8　「サービス精神」という言葉が当てはまらなかったため、「自然な気持ち」という別の言葉で聞いてみました。相手が否定した場合は他に当てはまりそうな言葉、この場合は、他に「素直な気持ち」「心からの気持ち」などの言葉を投げかけると良いです。

桂　そう、自然な感じですね。たとえば、お客様から期日的に無理がある要望でも、何かこうしたいと言われれば、当然一緒に考えます。

よくスタッフから「先生、代金の話になるときだけは、担当者に代わって下さい」と言われます。代金以上のことをやってあげようとするので、ちっとも儲からなくなるそうです（笑）。

牛窪　**でもそれはお客様にとってはうれしいですよね。**[*9] **自分の夢を叶えてもらえますし。**

桂　**他人事とは思えなくなるのです。**自分の結婚式のように考えてしまうのです。

牛窪　**今、**[*10] **接客業をされる方で、どうすれば、お客様のニーズが引き出せるのか、そのヒアリング方法に悩んでいる方が多いよ**

＊9　相手の答えに共感を伝える意味で、第三者である、お客様の立場だったらどう感じるかを、想像して伝えました。リアクションで共感を返すことにより、さらに良い言葉を引き出すきっかけにもなります。

＊10　「他人事とは思えない」という言葉を受けて、お客様と接しているとき、具体的にどのようなやり取りをしているのかを、さらに油田堀（深く掘り下げて聞くこと）をしたいと考えました。一般的な傾向から切り出してみると、別の視点から言葉を引き出せる可能性があります。

うです。

その点、桂さんの場合は、一緒に楽しんで上手くお客様の要望を引き出されているのではないでしょうか？

桂　私自身が「こういう風にすれば引き出せるだろう」とか、「喜ぶだろう」と思ったことはありません。

牛窪　常に**自然体**でいらっしゃるのですね。

桂　そう、全て**自然体**ですね。

牛窪　**自然体**[*11]と言っても、お客様と**共有している**ものがあるのでしょうね。

桂　年に4回ですが、東京店、大阪店ともに3日間ずつショップに立

---

*11　「自然（体）」というキーワードが繰り返されているため、新たに「共有」という言葉を提案して他の要素を引き出してみます。新たな提案をするときの言葉の選択は、相手のこれまでの話の内容から判断します。たとえば、「他人事とは思えない」「自分の結婚式のように考えて」という言葉から、お客様と同じ気持ちを「共有」していると考えました。

相手の答えた言葉からイメージできるキーワードを投げかけてみます。常に相手の言葉から「それはこういう意味かな」とイメージしながら話を展開していくことが大切です。

ち、直接お客様の衣装選びのお手伝いをしています。

創業から48年間これは優先して実行しています。

お客様から「こんな風に、先生自身がお店に出られると思っていませんでした」とびっくりされますが、お店に出てみないと本当のお客様の要望が分からないんです。人から聞いていただけでは、実感が湧いてこないのです。

お客様の言っていることに**共感**を持てなくなったら、私は引退だと思っています。

でも、今は結婚式に対する意気込みが、お客様よりも上回っているようです。

たとえば「ケーキにナイフを入れるだけじゃなくて、二人で食べさせあいましょうよ」と私が積極的にアドバイスすると、お客様に「それはちょっと恥ずかしくて……」と言われたりしています（笑）。

牛窪　**共感**[*12]**を持つことが大切なのですね。**

また、演出の部分まで色々とアドバイスをされているとは、本当に**一緒に楽しまれているのですね。**

桂　全て**自然体**なのですよね。何か「こうしよう」とか考えがあるわけではありません。

あるとしたら、経済的なことだけです。経済的な部分は工夫しないとダメですけれどね。それ以外のことなら何でも実現させます。

牛窪　[*13]**今までに、「これは困った」というお客様からの相談はありましたか？**

桂　それはいらっしゃいますよ。神経質な方や、細かい方にはこちらも細心の注意をはらいます。

---

*12 「共感」というキーワードのオウム返しと、「つまり、こういうことなのですね」という、具体的なエピソードを要約して、相手のさらに次の言葉を待ちます。

*13 桂さんが再度、「自然体」という同じ言葉を繰り返されたことから、話の流れを転換する必要があると判断し、違うキーワードがないかを探りました。お客様との接点についてのテーマは変えず、少し角度を変えて、色々なタイプのお客様の対処法を聞いてみました。

牛窪　どのようなご相談ですか？　デザインや素材の点ですか？

桂　最近は、男性の方が女性のファッションのことが分からないまま、意見をおっしゃる場合があるので、そういうときが大変です。ドレスはその方に似合うだけでなく、会場との調和など、トータルに考えてこそ花嫁が輝くということを理解してもらわねばなりません。

牛窪　そういうとき、先生が絶対に譲らないこともあるのですか？

桂　明らかにその会場でそのデザインは貧相に見える、その色は顔色が悪く見えるという場合は、止めますね。でも、私が勧める色でも「先生、そんな色は着たことがありません」という方もいますよ。

牛窪　**そんなときは、どうアドバイスするのですか？**[*14]

桂　それは実際に試着してもらって、実感してもらうしかありません。そして、「その色では式場では映えませんよ。同じ赤でもこちらの赤の方が映えますよ」とか、「白い壁の会場では、濃い色が映えます」などとアドバイスします。

牛窪　試着してみることで、お客様は納得されますか？

桂　そうですね。自分がキレイに見えないと困るわけですしね。

牛窪　**それでも譲らないお客様の場合はどう対応されるのですか？**[*15]

桂　最終的には、自分が世界で一番キレイだと思えなくてはいけないので、どうしてもというときは、「最後に決断するのはあなたで

＊14　具体的なアドバイスを聞きます。「どう?」「どのような?」という5W1H（What, Who, When, Why, Where, How）の中で、当てはまるワードを使いながら具体的に聞きましょう。

＊15　さらに突き詰め、最終的な判断を聞いてみました。

す。私はただ、たくさんの花嫁さんを見てきた第三者としてのアドバイスをします」と伝えます。

牛窪　やはりそれは、ご本人の価値観を大事にするということですね？

桂　自分の気に入ったものを着ないと、美しく輝くことができませんからね。

牛窪　桂さんは今後、[*16]**どのように日本の美を世界に発信したいとお考えですか？**

桂　世界の民族衣装の中で、日本の着物ほど、美しいものはないと思っています。

ですから、普段着として着物を着ることは無理でも、せめて婚礼では着ましょうと呼びかけているところです。実際に最近は、3

*16 まとめの質問は、事前に桂さんの著書を読んだ中で、特に印象に残った「日本の美」に対するこだわりや思いについて聞いてみました。最終的には、質問のテーマに繋がるようにしながら、相手の価値観を聞き出すことが大切です。今回の場合、「快感エネルギー」が世界に向けられたとき、「何を大切にしたいか」という桂さんの価値観を聞き出すことになります。事前の準備段階で、相手に一番聞いてみたいこと、質問の着地点を用意しておきましょう。

割の人が婚礼で着物を着るようになって、以前、1割だった頃に比べると確実に増えてきました。

これまでは、白のウェディングドレスと、お色直しにカラードレスを着る人が多かったのですが、今は着物でガラリとイメージチェンジをするようになったのです。

私は当初から結婚式の衣装は和洋両立してこそ美しいと言い続けてきたので、ドレスと着物の両方を着る方が増えたのはうれしいことです。

また、今取り掛かっているのは、外国に出すための、他の国ではできない日本のシルクを使った衣装です。

たとえば、今年は世界一軽いシルクを使って妖精のようなドレスを発表しました。さらに、日本のシルクと友禅を融合したドレスも手掛けています。

牛窪　**日本の伝統の素材を使うことが、一番のアピールになるわけ**[*17]

---

*17 伺ったお話を受けてまとめ、リアクションとして自分の率直な感想をプラスして返します。

ですね。
今までブライダルというと、確かにドレスのイメージが強かったのですが、着物と両方を着るようになったのは新鮮ですね。

桂　やはり着物という日本の伝統は大切にして欲しいと思います。

牛窪　お話を伺って、「人のためになることが快感」というお母様譲りのエネルギーが、世界にブライダルファッションを発信する原動力になっていると感じました。[*18]
今日はお忙しいところ、お時間を頂きまして本当にありがとうございました。

桂　ありがとうございました。

---

*18　最後は、キーワードで全体の話をまとめ、感謝の気持ちを伝えます。

Profile

桂　由美（かつらゆみ）

ブライダルファッションデザイナー。

共立女子大学卒業。1964年日本初のブライダルファッションデザイナーとして活動開始。以降、ブライダル業界を牽引し、国内のみならず世界20カ国以上でショーを行い、ウエディングに対する夢を与え続けている。93年、外務大臣表彰を、96年、中国より新時代婚礼服飾文化賞が授与される。2003年より毎年パリオートクチュールコレクションに参加し、05年にパリ店をオープン。10年、全米ブライダルコンサルタント協会より世界に4名のみの称号である名誉会員の称号を授与されるなど、グローバルな創作活動を展開している。

おわりに

質問は決して難しいことではありません。「相手をもっと知りたい、理解したい」という想いがあれば、あとは言葉の投げかけ方をちょっと工夫するだけで、相手の本音を引き出すことができるのです。質問のレシピを使って、まずは普段の会話から試してみてくださいね。「いざというときの質問のバイブル」として本書を活用頂ければと思います。

私自身もまだまだ修行中です。新しい人と出会う度にレシピを実践しながら、取り組んでいます。是非、あなたも「どんな相手でもその素材の味を引き出す」という気持ちで向き合ってみてください。

最後になりますが、本書を最後までお読み頂いて本当にありがとうございました。私のこれまでの経験を1冊の本にまとめることができたことを、大変嬉しく思っています。

執筆するにあたり、過去の放送VTRも改めて観ながら、原点に立ち戻ることができました。当時は必死な思いでインタビューに臨んできた経験が、一つ一つ積み重なり、今の自分の基盤になっていることも実感することができました。

これからも、セミナーや講演会などでの生の声を聞かせていただきながら、ご一緒に解決法を考えていきたいと思っています。本書のレシピを活用した成果を直接聞かせていただける日を楽しみにしています。

牛窪　万里子

Profile

牛窪　万里子（うしくぼまりこ）

埼玉県生まれ。共立女子中学・高等学校を経て成蹊大学英米文学科を卒業。

全米NLP協会公認公式認定・一般財団法人日本NLP協会公認公式認定プラクティショナー。

大学卒業後、サントリー株式会社で勤務するも、ビジネス上のコミュニケーションに苦戦。苦手意識を克服するためNHKアナウンススクールへ通いはじめる。伝えることのおもしろさ・奥深さに魅せられ、一念発起しアナウンサーの道へ進む。

1995年からNHK横浜放送局、98年からNHK首都圏放送センターにてラジオ・テレビのキャスターやリポーターを務め、02年にフリーアナウンサー事務所、株式会社メリディアンプロモーションを設立、代表取締役に就任。NHK「おはよう日本」「首都圏ネットワーク」、CS朝日ニュースター「政治学原論」、テレビ東京「レディス4」にレギュラー出演。

現在、イベント司会をはじめ、メリディアンアナウンススクールの運営や、共立女子大学・短期大学課外講座「共立アカデミー」、六本木ヒルズで定期開催される「アカデミーヒルズ」でのセミナー、大手企業の講演会や研修の講師など幅広く活躍している。

共著に『見るだけ30分!!あなたに合った「聞く」「話す」が自然にできる!』（すばる舎）がある。

牛窪万里子公式サイト
ブログ
http://ameblo.jp/meridian096/
twitter
http://twitter.com/marikoushikubo
facebook
https://www.facebook.com/marikoushikubo

『アナウンサーの質問レシピ』公式facebookページ
https://www.facebook.com/AnnouncerQrecipe

参考文献

『プロが教えるはじめてのNLP超入門』芝健太/著（成美堂出版）
『世界基準の女になる!』桂由美/著（PHP研究所）
『15歳の寺子屋　乗り越える力』荒川静香/著（講談社）

初対面の相手も、おもわず本音をもらす アナウンサーの質問レシピ

2012年10月7日　初版発行

著者　牛窪 万里子

装丁　井上 新八
装丁写真　小林 輝久
本文デザイン　土屋 和泉
組版　横内 俊彦

発行者　野村 直克
発行所　総合法令出版株式会社
〒107-0052
東京都港区赤坂1-9-15　日本自転車会館2号館7階
電話　03-3584-9821(代)
振替　00140-0-69059

印刷・製本　中央精版印刷株式会社

ISBN978-4-86280-325-2